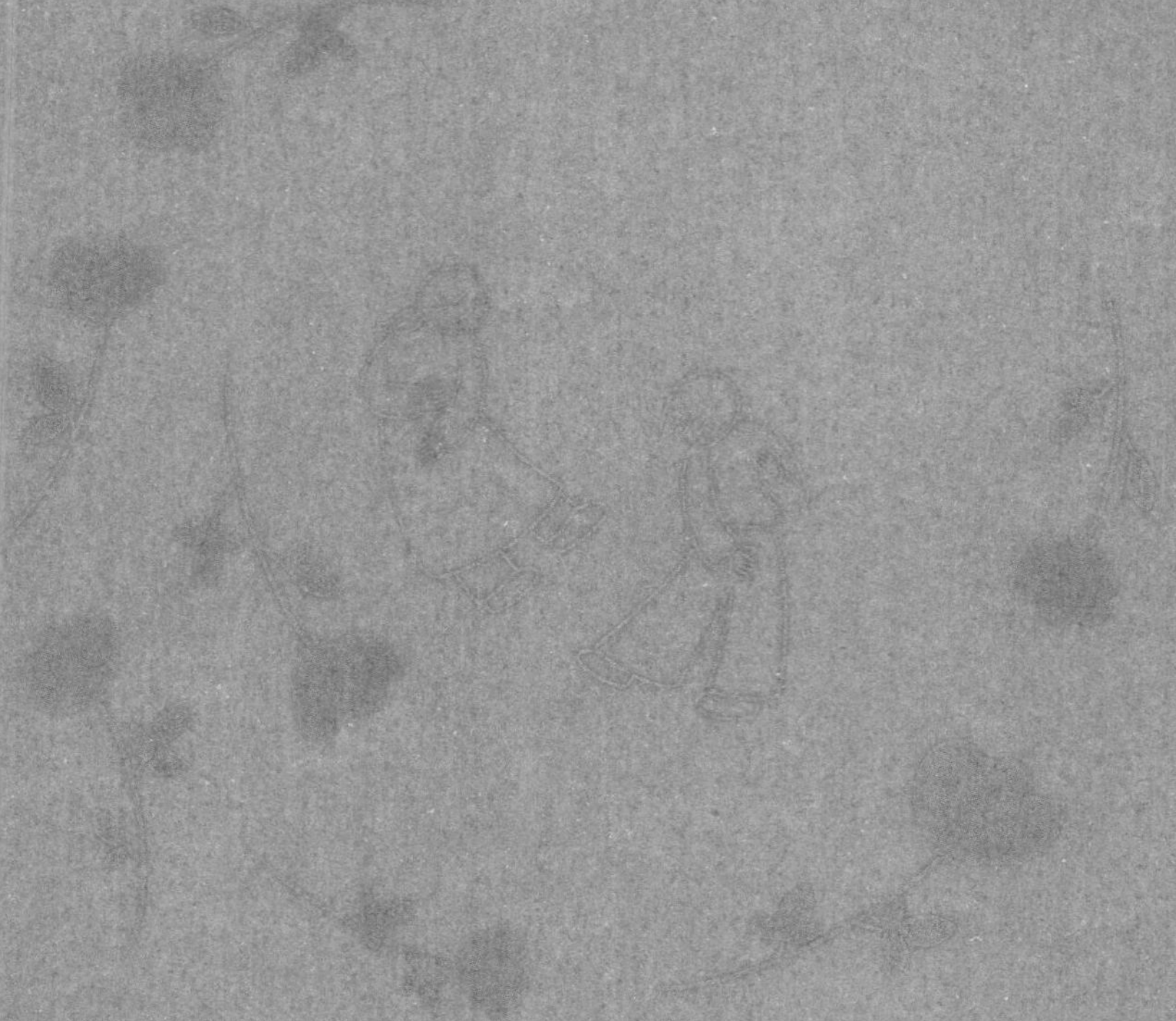

好感の学校

感じるココロの不思議

ポジティブ・エネルギーで生きる

串崎真志

木立の文庫

感じるココロのワンダーランドへようこそ

こんにちは。この本で初めてお目にかかります串崎真志《まさし》です。

私が心理学を勉強し始めて、三十年以上が経ちました。長らくの研究テーマは〝感じるココロ〟です。最近、そのテーマを〈共感・直感・好感〉そして敏感という四つの面でとらえると**据わりがよい**ことに気づきました。さらに、この四つをバランスよく上手に使うことで**元気になる**とも感じています。当ブックレットは、そんな現段階の私のひとつのまとめです。
このブックレットのユニークな特色なのですが、心理学の話が半分ぐらい、〝心理学を超えた話〟が半分ぐらいを占める構成になっています。たとえば「テレパシーはあるのか」(緑の巻)、「大いなる存在に導かれている感覚とは何か」(黄の巻)、「死後の意識はどうなるのか」(赤の巻)などを、真面目に考えてみました。

心理学を**超える**とはどういうことでしょう?
私たちはふたつの世界に住んでいると思うのです。まずは「真実は一つで、それは皆に共通する」という客観世界、そして「一人ひとり違う」という主観世界です。後者の主観世界が**お互いにつながる**瞬間を〝意味の世界〟と呼ぶならば、そこに、いわゆる精神世界や超能力が住まうのではないか、と考えて今回のブックレットの味わいのひとつとしてみました。

そうしたことで、この《感じるココロの不思議》ブックレットは、三巻（そして別巻）で構成されています。各巻の内容を、簡単に紹介しておきましょう。

＊　＊　＊

緑の巻は『共感の学校――気持ちが合う人間関係』。気持ちが合う（合わない）という現象は、「感じるココロ」のなかでも、もっとも不思議なことです。それを〝共感〟のはたらきとして考えてみましょう。心理学による共感の定義や、気持ちが伝わるしくみから、「遠くにいる人と、気持ちがつながることはあるのか」という話題まで、広く解説していきます。

黄の巻は『直感の学校――ひらめきを大切にする暮らし』です。

読者の皆さんは、日常生活の判断や決定に、〝直感〟をどれくらい使っているでしょうか。ここでは、直感を六つ（熟達、ひらめき、第六感、エンパス、スピリチュアル、シンクロニシティ）に分類して考えていきましょう。「こういう直感もあったのか！」と驚かれることと思います。

赤の巻は『好感の学校――ポジティブ・エネルギーで生きる』。〝好感〟を「ポジティブ・エネルギーをもっていること」と捉え、そのエネルギー（日本語でいう「気」に相当するもの）の謎を考えていきましょう。目に見えない不思議な現象の数々、そして「感じるココロ」そのものの神秘にも迫りたいと思います。

そして別巻『敏感の学校――繊細少女マイの日常』は、小説です。女子高校生マイをはじめとする登場人物たちが成長していく一年間を描いたフィクションで、読むだけで元気になるようなライトノベル「繊細ココロよみもの」を目指しました。ウェブ上で、無料で読んでいただけるように、URLリンクを用意しました。各巻の奥付頁をご覧ください。

それでは、これから《感じるココロ》を共感・直感・好感という三つの面から学んでいきましょう。各巻の内容は独立しているので、お好きな巻から読んでくださって結構です。

また、このブックレットでは、各巻のどこからでも気楽に読み進めて頂けるように、ひとつのトピックを見開き二ページで解説します。皆さんが休みの日、思い思いに森や河原を散歩するように、ぷらっと楽しんでくださいますでしょうか。

こんにちは

〝好感〟の学校でお目にかかる皆様へ

《感じるココロの不思議》三色ブックレット、赤の巻は『好感——ポジティブ・エネルギーで生きる』と題しました。

好感は「よい感じ。好ましい印象」〔小学館デジタル大辞泉〕と定義され、「好感がもてる青年」「人に好感を与える」などと使います。本書では、これに思いきった解釈を加えて、好感を「ポジティブ・エネルギーをもっていること」と捉えます。本書でいう〝エネルギー〟は、日本語の〝気〟に相当するものと考えてください。つまり、「好感がもてる相手」は「気が合う人」ということになります。

緑の巻『共感の学校』では、気持ちが合う現象を「情動伝染」や「共鳴」といった心理学の概念で説明しました。この赤の巻では、そこから踏み出して〝ポジティブ・エネルギー〃について、皆さんと考えていきましょう。

「世界（生命）は物質で構成されている」とする立場を唯物論（物質主義）と呼ぶならば、本書は、それ以外の立場も含みます〔room4:02, room7:4〕。あるいは、私たちの認識を超越した存在についても考えてみましょう〔room1:5〕。

怪しい話のように思われそうですが、研究者たちは、これらのテーマにまじめに取り組んでいます。[1:2] 本書では、これまで積み上げられてきた研究のなかでも出来るだけ新しいものを紹介していくつもりです。数多の研究者にも、さまざまな立場や考え方があることを、わかっていただけるかと思います。

この本には、いわゆるスピリチュアルな自己啓発書にあるような、ノウハウは書かれていません。かといって、科学書というわけでもありません。たとえるなら「未知なるエネルギーをめぐる散歩」のガイドブックでしょうか。実際、本書で採り上げる話題は、超常現象や心身問題など、読み手の皆さんを右往左往させてしまうような（根っこはつながっていますが）展開になりそうです。私自身の考えはroom8に書くつもりですので、しばらくお付き合いいただければと思います。

room 1
エネルギー心理学

「気が合う」というときの〝気〟は、〈微細エネルギー〉あるいは〈生命エネルギー life force energy〉とも呼ばれます。それを活用した《エネルギー治療 energy healing》の研究を紹介していきましょう。好感の学校の始まりです。

1 好感がもてる

人間－ロボット相互作用

あなたは、どのような相手に好感をもちますか？

現在、このテーマをもっとも研究しているのは、ロボット工学（ロボティクス）の分野です。ロボットにどのような性格（行動）を付与すると人に好かれるのか、を研究しています。

たとえば「内向」的な参加者では、ロボットがこちらの頷きを模倣すると（バックチャネリング）、両者の頷きが同期しやすくなりました。[1] 外向的な参加者では、ロボットが視線をときどき外すと（ターンテーキング）、こちらも釣られて、両者の視線が重なりました。

また、ロボットが大きなジェスチャーを示す（腕を広げたり、腕を上下に動かしたりする）ことで（アクティブ・エンパシー・リスニング）、私たちは信頼を感じるようです。[2] あるいは、ロボットが大きなジェスチャーを示すことで、私たちはロボットが「外向性」の性格をもっていると認知します。[3]

微妙な表情を再現できるロボットも開発されています。[4] そして、ロボットに性格（個性的な感情や行動）をデザインする方向に進歩しています。[5] 人間・ロボット相互作用（HRI）の研究によると、私たちは、自分と似た性格のロボットを好む傾向（類似性―魅力説）があります。[6] また、ロボットからの親密な自己開示は、私たちの好感度を増加させる傾向（自己開示―魅力説）があるようです。[7]

人間同士と同じですね。「類似性―魅力説」や「自己開示―魅力説」に加えて、人間同士の場合、「好感度―類似性説」もあります。たとえば、微笑み、頻繁にうなずいている（好感度の高い）相手に対して、私たちは自分と性格や価値観が似ているように感じるのです。[8]

そして〝好感〟を感じる要因として、〝気〟（というエネルギー）もある、と私は考えます。気が合う相手に好感をもつ。いわば「合気＝好感」説です。

2

エネルギー医療とは

「気が合う」というときの〝気〟とは、どのようなエネルギーでしょうか。

体調が良くないときに、鍼灸に通うことはありませんか？　鍼灸は、西洋では〈エネルギー医療〉のひとつとして位置づけられます。

〈エネルギー医療〉（エネルギー治療）は「補完代替医療」のひとつです。鍼灸[1]、気功・太極[2]、ヨガ[3]、タッピング[4]などが相当します。西洋ではさらに、レイキ[5]、プラーナ[6]、祈り・祝福[7]、非接触ヒーリング[8]といった、日本では耳慣れないものも含まれます。これらに共通するのは微細エネルギー *subtle energy* や生命エネルギー（ライフ・フォース・エナジー）を使って（に作用して）治療する、という特徴です。[9・10]

私はこの微細エネルギー（生命エネルギー）を、日本語でいう〝気〟に近いものだと考えています。「元気」の気ですね。「気持ち」の気、「気合い」の気。この〝気〟

という捉え方を採り入れています。気が重い、気が多い、気が済む、気を許す、気を付ける、気を遣う、気を病む、気が合う、気になる、気を揉む、気が進まない……など。

〝気〟は物理学でいう「エネルギー」の概念と、どう折り合うのでしょう。宇宙物理学者であり、ヨガ講師でもある著者が考察した、短いエッセイがあります。[11] それによると、さまざまなエネルギーのなかでも「電磁エネルギー」が有力だそうです。ちなみに、ジークムント・フロイトがリビドーと名づけた心理的エネルギーは、当時のマクスウェルの熱力学を模したとも言われています。

とはいえ、本書では〈微細エネルギー〉を、物理エネルギー**とは別のもの**と考えておきます。[12] いかにも怪しい話だと思われそうですが、研究者たちは、〈エネルギー治療〉のテーマにまじめに取り組んでいるのです。そして、「エネルギー治療は効果がある」という報告も蓄積されつつあります。[13] もちろん結論が出たのではなく、議論の途中ですが、驚きますね。

3 エネルギー心理学とは

《エネルギー心理学》とは、この〈エネルギー医療〉を研究する心理学です。

ここでは、タッピングと、治療的タッチについて紹介しましょう。

タッピングは、思考場療法（TFT）あるいは感情解放テクニック（EFT）とも呼ばれます。[1] 経絡（ツボ）を軽く打診することで、不安、恐怖、抑うつ気分、食欲、睡眠障害、身体の痛み、運動機能など、幅広い症状の改善を目指すというものです。[2] 最近は、トラウマへの対処法としても注目されています。[3・4] 特に効くとされている経絡は、百会《ひゃくえ》や足三里《あしさんり》のようです。[5・6] 百会は頭頂部、足三里は膝下およそ指四本分にある経絡です。探してみてください。

感情解放テクニックのメタ分析を紹介しましょう。[7] 感情解放テクニック〔計八八名〕と無治療対照〔計七六名〕を比較した四つの試験では、効果量〔ヘッジのg〕は一・三八

～二・五一の範囲で大きい値でした。同じく感情解放テクニック〔計五八名〕と積極的な治療対照〔計五八名〕を比較した三つの試験では、効果量〔ヘッジのg〕はマイナス〇・一五～〇・七九の範囲でしたが、固定効果と変量効果の要約推定値はどちらも統計的に有意でなかったことから、感情解放テクニックは治療対照（ＥＭＤＲ、ナラティブ・エクスポージャー・セラピー、認知行動療法）と同様の結果が得られる、と著者らは考察しています。

次に、治療的タッチの効果も見てみましょう。[8] 戦闘地域に少なくとも一回派遣され、現在ＰＴＳＤと診断されている退役軍人を募集しました。試験群〔一九名〕には、標準治療に加えて一時間の治療的タッチを週に一〇回実施し、対照群〔一五名〕には、標準治療のみを行いました。標準治療は薬物療法、心理療法、およびリラクゼーショントレーニング、瞑想、アーチェリー、ヨガなどで構成されていました。治療的タッチのヒーラーは、指先を患者の頭部のさまざまな位置に置き、扁桃体と脳幹、前頭前野、副腎、ルートチャクラとの間に癒しのエネルギーを送り、調和とバランスを回復させました。その結果、試験群では、一八ポイントの有意な症状の軽減がみられ、対照群では五ポイントの変化がみられたそうです。

4 エネルギー治療①
身体感覚

〈微細エネルギー〉は、微細身（サトルボディ――イメージとしての身体）にかかわるエネルギーであり、それを物理的に測定するのは困難とされています。したがって、エネルギー治療（エナジー・ヒーリング）が微細エネルギーに作用するかどうかは、まだ仮説の段階です。しかし、エネルギー治療を受けた参加者の感想は独特であると報告されています。いくつか挙げておきましょう。[1]

「手足が温かくなり、ピリピリする感覚。治療中、すぐには生じません。数分かかります」【鍼治療】／「セラピストの手から熱が出るのを、いつも感じていました」【治療的タッチ】／「今まで味わったことのない奇妙な感覚です」【鍼治療】／「部屋に入ると、安らぎと落ち着きと暖かさを全身で感じます。ピリピリとした感覚が小川のように流れてくるのです」

【太極拳】／「微妙なピリピリ感、エネルギーの流れを全身に向けられるような印象でした」
【ヴィパッサナー瞑想】

別の研究では、次の四つの身体感覚が報告されています。[2]

【温度変化に対する意識】 今は温かく、時には中心部が熱くなっています。その熱感が私を落ち着かせてくれるのです。
【エネルギーの存在の認識】 自分のエネルギーを感じました。突然このライトが点灯し、エネルギーが体を駆け巡るのを感じました。
【エネルギーの身体感覚】 手のひらにチクチクとした軽い感覚と、腕を流れるような感覚があることに気づきました。
【磁気感覚】 手と手のあいだの磁気引力を感じた。引力は指の先端の方でより大きかった。

参加者たちが「エネルギー」を直接、感じていることが興味深いですね。

5

エネルギー治療②

スピリチュアリティ

〈エネルギー治療〉を受けると、ポジティブな価値を感じる体験も生じるようです。論文から例示しておきます。[1]

【至福の意識】

- 神の愛を感じ、平和を感じました。
- 完全にスピリットで満たされました。
- 大いなるワンネスと、時間も境界もない無限の空間を私に見せてくれる、純粋な静けさと驚きの瞬間が与えられました。
- ハートのチャクラが開き、至福の意識のなかで拡大した瞬間でした。
- これほど無条件の愛と、神、プラクティショナー、そしてすべてとのつながりを感じたことはありません。境界線はなく、すべてとの一体感を感じ、素晴らしい喜び、地上の天国を感じました。

【体脱体験】

●私は身体の外に出て、浮遊し、空間の中にいて、完全にケアされ、サポートされ、愛され、平和でした。それは素晴らしい以上のものでした。

【スピリット・ガイドに出会う】

●私はスピリット・ガイドを見ました。

●彼女は白い光のように見えましたが、その後、安全で安心できる感じがしました。

●癒されました。光のビームが私のハートの中に入ってきて、百人の天使が私の上にホバリングしているなか、私の手に他の二人が入ってきました。

ここでいうスピリット・ガイドとは何でしょうか？　多くのミディアム〔room3:02〕は、高次元のスピリット・ガイズ（複数形で表される）が芸術、癒し、教え、人生の導きで、自分たちを助けてくれると信じているようです。[2]日本でいうなら、式神《しきがみ》が相当するのでしょうか。[3]

room 2

神秘体験

神秘体験は心理学のれっきとした研究テーマで、古くはウィリアム・ジェイムズが定義しました。非科学的にも見えますが、科学者や研究者のなかにもときどき、この体験を報告する人がいます。神秘体験の特徴を、データとともに見ていきましょう。

1

神秘体験とは

宗教的経験の特徴

ウィリアム・ジェイムズは、『宗教的経験の諸相』〔第一六講／第一七講〕において、意識の神秘的状態として、次の四つの特徴をあげました。[1]

【言葉にしえない感覚――イネファビリティ】 その内容を言葉で適切に報告することはできない。このことから、その質は直接、体験されなければならない。

【ノエティック・クオリティ】 理知的な知性では解明できない真理の深みを洞察する状態。

【一過性】 まれな例を除けば、三〇分か、せいぜい一、二時間が限界のようで、それを超えると、日常の光のなかに消えてしまう。

【受動性】 特徴的な種類の意識がいったん入ると、神秘家は自分の意志が停止しているかのように感じ、実際、時には優れた力につかまれ、保持されているかのように感じる。

心理学では、神秘体験を項目化して測定する尺度も開発されました。たとえば、神秘体験質問票（ＭＥＱ）がそうです。[2]

【言葉にしえない感覚】 その体験を言葉で十分に表現できない感じ。

【神秘的】 直観的なレベルで体験した洞察に満ちた知識を獲得した。

【ポジティブな感情】 優しさや穏やかさを感じた。平和と落ち着きを感じた。

【時間と空間の超越性】 ふつうの時間感覚の喪失。ふつうの空間感覚の喪失。

アルコール依存症の幻覚剤による治療で、ＭＥＱの得点が高いほど改善がみられたという報告があります。[3]

2 神秘体験を測る

神秘的指向性尺度

もうひとつは、神秘的指向性尺度（MOS）と呼ばれるものです。[1] 次の項目のうち前半の四つは、ウィリアム・ジェイムズの特徴に準拠しています。

【言葉にしえない感覚】 言葉にできない何かを体験する。筆舌に尽くしがたい力に感動する。言葉では言い表せないほどのことに気づく。／**【ノエシス】** 自然の美しさに意味を感じる。自分が存在に包まれていることを知る。内なる声が語りかけるのを聞く。／**【一過性】** 物事の核心を一瞬、垣間見る。超越的なものの一時的なビジョンを見る。深い洞察の一瞬を経験する。／**【受動性】** 不思議な感覚に圧倒される。自分の肉体の外にある神秘の状態にいること。自分の力ではどうにもならない力に捕らわれること。／**【一体感】** 宇宙との一体感（ワンネス）。すべての生きとし生けるものとの一体感。すべてのものに一体感（ユニティ）を感じる。／**【無時間性】**時間・場所・人の感覚を失う。時を超越した永遠性だけを意識する。過去・現在・未来の融合を感じる。／**【真の自我】**大いなる存在のなかに吸収される。大いなる存在のなかで日常的な自分を見失う。日常的な自分が存在の深みに吸い込まれていくのを感じる。

もうひとつ、神秘的スピリチュアリティ・ホール指標（ＨＩＭＳ）を紹介しておきましょう。次の九項目で構成されています[2]。

神秘的な諸要素。／身近なものを超えて神秘を探求するスピリチュアルな旅。／神秘の世界への足がかりとしての言語と象徴。／神秘的、想像を絶する、神を待ち望む。／五感を刺激するスピリチュアリティ。／想像という力。／スピリチュアルなものが物質世界を突き抜ける薄い場所。／詩的な想像力。／自己、環境、神との調和としての癒し。

この得点は、カール・ユングの性格論でいう直感型の人が感覚型よりも有意に高いようです[3]。

3 神秘的な絆

ソウルメイト

私たちはしばしば、他者と深い絆を感じます。神秘体験は、個人のなかで生じるだけでなく、人間関係のなかで生じるという見解もあります。四二名〔平均二三歳〕を対象に、人間関係における神秘体験についてインタビューした研究[1]では、次のような特徴が語られました。

【言葉にしえない感覚】 経験したことのない人にとって、その経験を意味のある言葉で表現することの難しさ、説明するには抽象的すぎる経験の感情的な側面。／**【ノエティック・クオリティ】** 関係によって自分の価値が認められ、関係を通じて自分自身についてさらに学ぶ。深い絆の神秘的な側面について、まだ理解できていないカルマ。神聖さ。この絆は独特であり、他のものには置き換えられない。／**【ポジティブな感情】** この関係によって理解され、安心感があり、サポートされていると感じる。幸福と愛。／**【時間と空間の超越性】**意識をもたずに時間が過ぎたり、他の人と一緒にその瞬間を生きたりする経験。あまり一般的ではないが、周囲の環境に気づかなかったり、他のすべてが溶けてなくなってしまったりする経験。／**【自我の喪失】**集中した長時間の会話のなかで、自我の喪失、時間の感覚の喪失、人生の深い側面に触れる。

時には**ソウルメイト**という言葉も使われていました。

「ソウルメイトと永遠に結ばれている感じ」──「お互いの魂や核に触れる感じ」──「深い絆を共有する感じ」──「この絆のおかげですべてのものが相互につながっている感じ」──「この関係は神によるものだという感じ」……などが語られたそうです。ソウルメイトの関係では、相手のニーズに焦点を当て、相手の感情に身を委ね、相手と同期する傾向もありました。

ソウルメイトは、瞬時の認識と絆、シンクロニシティ、直感的な現象、そしてお互いの成長を助けるという、四つのテーマをもつといわれています。[2]

4 スピリチュアルな変容

科学者の体験

スピリチュアルな変容体験 *spilituady transformative experience* は、自発的にエネルギーに覚醒することや、臨死体験（ＮＤＥｓ）やスピリチュアルな実践を通して、エネルギーに覚醒することを指します。[1]

これらは非科学的に見えますが、科学者や研究者のなかに、ときどきこの体験を報告する人がいます。五三名の科学者をインタビューした結果を見てみましょう。[2]

- 意識の拡大〔参加者の七四％〕、至福感〔六四％〕、エネルギーが背骨を上昇していく感覚〔四七％〕。
- 「いつもと違う光や広範な輝き」などの視覚的な知覚〔五三％〕、「いつもと違う内なる音」などの聴覚的な知覚〔三六％〕。

●記述的なカテゴリーで捉えられない、エネルギー的または感覚的な体験〔二一％〕。
●何人かは「統一されたエネルギー場の一部である」という体験を報告し、ある人たちは」エネルギー的な愛の波動が自分のなかを駆け巡る」感覚を報告しました。

興味深いことに、瞑想のような積極的な努力なしにエネルギー体験をした人もいました〔二八％〕[2]。たとえば「わたしは突然、普遍的な愛を体験する状態に導かれました。出会う人すべてに無条件の愛を感じ、何に対しても誰に対しても恐れを抱かなくなりました。このグレイスな状態は二日半ほど続きました」といった報告があります。

さらに興味深いことに、無神論者だった人にも、このような神秘体験は訪れるようです[3]。また、没入しやすい（テレゲン没入尺度――「わたしは雄弁な言葉や詩的な言葉に大きくココロを動かされることがある」「自分のココロが世界全体を包み込むように感じることがある」「わたしの思考はしばしば言葉としてではなく、視覚的なイメージとして現れる」）ほど、このような体験が増えることも報告されています[4]。

room 3

超常体験

超常体験は、感覚外知覚（いわゆる超能力）や死後の生命を感じる体験で、room2の神秘体験も含みます。興味深いことに、それらはカウンセリングの場面で語られることもあるのです。そして時に、人生に〝深い肯定的変化〟をもたらすようです。

1 超常体験とは

〈超常体験〉は英語で anomalous experiences または paranormal experiences と表記します。イギリスの成人一〇〇〇名〔一八〜六〇歳以上〕を対象とした調査では、「幽霊を見たり感じたりした」「他の人が見えない物を見た」「変化していないとわかっているのに、見慣れたものが違っているように感じた」「友人や家族がトラブルにあるのを察知した」「まだ起きていない出来事の予感があった」「周囲に人がいないのに、声が聞こえた」などの八項目のうち、少なくとも一つ以上に「しばしばある」と回答した人が一三%いました。[1]

同じくイギリスで一六歳以上の四〇九六名に調査した結果、予感 *precognition* を体験したことがあるとの回答が二四%、感覚外知覚（ESP）一二%、神秘体験 *mystical experience* 一二%、テレパシーが一一%、アフター・デス・コミュニケーションが一〇%でした。[2]

もしかすると、この種の研究がイギリスで多いのは、十九世紀末の心霊主義 *spiritualism* の伝統かもしれません。[3・4] しかしそれを割引いても、多くの人が経験していることに驚かされます。

日本人の「感覚外知覚」の体験率（透視・予感・テレパシーのいずれかに体験がある人）は、時代や調査によって異なりますが、二四〜三八%と一定していました。[5]

ところで、超常体験をもつ人に共通する特徴として、薄い境界 *thin boundaries* があげられます。[6] また、解離性と暗示性の高い人は（他の群に比べて）、没入性（【テレゲン没入】尺度——「オルガンの音楽など力強い音楽を聴いていると、自分が宙に浮いているように感じることがある」「夕日を見て深く感動する」など）が高く、超常現象の体験が多いという報告もあります。[7]

2 ブラジル人のばあい

ブラジルはイギリス以上に超常体験の報告が多い国で、ブラジルの民俗宗教的な信心深さが背景にあるともいわれています。[1]

ある研究では、一〇五三人のブラジル人を対象に、次の四つを調査しました。[2]

【神秘体験】 自然との完全なつながりの体験。時間と空間の認識がない経験。すべては神聖で神聖なものであると感じる。言葉では言い表せない体験。宇宙のあらゆるものとの結合の感情など。

【ミディアム体験】 亡くなった人の存在を感じる。亡くなった人の声を聞く。幽霊や霊を見た経験。

【サイ（超能力）体験】 予知夢の経験。直感の経験。直感を使って意思決定をした経験。

【前世記憶・臨死体験】 過去世の記憶の経験。死を経験し、その後、生き返る体験。

その結果、少なくともひとつの神秘的な体験〔三五%〕、サイ関連の体験〔二七%〕、ミディアム体験〔二一%〕を経験したという人が、それぞれ一定数いることが報告されました。また、回答者の七〇%が、少なくとも一度は「予知夢」を経験していました。

次に、ブラジルのミディアム一〇名をインタビューした研究を見てみましょう。[3] ミディアムは、死者とコミュニケートして依頼者にメッセージを伝える職業です。最初の超常体験の年齢は平均一六歳でした。もっとも早い人は四歳、もっとも遅い人は四五歳でした。ほぼ半数が九歳までに超常体験を示したそうです。

また、すべてのミディアムは、少なくともスピリッツ（霊）を見たり聞いたりする能力を呈していました。その他、サイコフォニー（ミディアムの声を通じたスピリチュアル・コミュニケーション）、サイコグラフィー（ミディアムの文字を通じたスピリチュアル・コミュニケーション）、予知、テレパシーなどのスキルをもつ人もいました。

3 直感的思考スタイル

超常体験サーベイ（SAE）は、パラノーマル帰属傾向（PPA）／アノマラス体験傾向（PAE）を区別して調査する質問紙です。[1,2] 項目例をあげておきましょう。

●私は以前、自分でも気づかなかった何かの夢を見たことがある。
――はい、それはテレパシーか超能力に違いない〔PPA〕。／――はい、それは単なる偶然か、無意識の洞察にすぎないだろう〔PAE〕。／――いいえ

●誰かの後頭部を見つめていたら、やがて振り向いて私を見たことがある。
――はい、それはテレパシーか超能力に違いない〔PPA〕。／――はい、でもそれは単なる偶然か、わたしが何か他のことをしただけでしょう〔PAE〕。／――いいえ

●長いあいだ連絡を取っていない人のことを考えていたら、その日のうちにその人から電話やメール、手紙が届いたことがある。
――はい、それはテレパシーか超能力に違いない〔PPA〕。／――はい、でもそれは、私がその人に親しんでいたことに基づく、単なる幸運な推測に違いありません〔PAE〕。／――いいえ

PPAが高いほど、認知的熟慮性テスト（CRT）で誤答しやすいようです。[3] PAEは無相関でした。認知的熟慮性テストとは、たとえば「バットとボールを合わせて一・一$します。バットはボールより一$高いです。ボールはいくらでしょう？」という問題に対して、熟考すると正解（〇・〇五$）できますが、直感で答えると誤答（〇・一$）しやすいといわれています。

超常現象信念は「直感的思考スタイルに関連する」という研究や、[4,5] 不思議現象信奉は「批判的思考態度とほぼ無相関だった」という報告もあります。[6]

4 カウンセリングの場でも

カウンセリングの相談者で超常現象を報告する人が、ときどきいるようです。ここでは二例、論文から要約して紹介しましょう。[1]

【六〇代の科学者モーリス】 彼は、息子のことを心配していたとき、ホテルの部屋の鍵がテーブルの上で「完全にねじれている」のを見つけました。以前、自宅のテーブルの上で「釘が直立している」のを発見したという逸話もありました。彼は、家族と休暇を楽しんでいるあいだ、ポラロイドカメラで何枚かの写真を撮りました。そのとき彼は、最近亡くなった叔父のことを考えていました。その写真には、叔父に似た姿が鏡に映っていて、見慣れた表情でタバコをくわえていたのです。モーリスはこの写真に魅了されましたが、妻は恐怖を覚え、最終的には焼いてしまいました。

【二〇代のオーガスティン】 彼は数年前、友人と経験したことについてカウンセリングサービスに連絡しました。彼らは修道院の近くの美しい森の中を散歩していました。彼らは突然「光」を見ました。森林警備員ではないかと恐れ、彼らは車に戻ることに決め、その後、光が目の前を通過するのを見ました。光は長さ数十㎝で、人間の背丈ほどの高さで、道路上を通過する「白い粒」のように見えました。オーガスティンは、光が第二次世界大戦中に人々がそこで銃撃された事実に関係しているのではないかと考えました。二年後、母親にこの経験を話すと、彼女が「同じ年齢のときに、同じ森の中で、オーガスティンの父親と一緒に、車の中で同じ経験をした」と語ったのです。

著者のトマ・リベロンは、カウンセリングに来ているからといって、精神症状であるとはかぎらない、と注意を促します。そして、このような超常体験を、心理的な変容と統合の潜在的な源として捉える必要があると言っています。

5

非日常体験
そして例外体験

超常体験、神秘体験、例外的体験 *exceptional human experience*、普通でない体験 *unusual experience*、宗教体験 *religious experience*、スピリチュアル体験などを総称して、〈非日常体験 *non-ordinary experiences*〉と呼んでおきましょう。一五七件の研究をレビューしたところ、非日常体験とメンタルヘルスや幸福感との関係は複雑であり、個人差が大きいようです。[1]

一方〈例外的体験〉としては、次のようなエピソードが該当します。[2]

【神秘的】 瞑想中、わたしは周囲に対する気づきを失い、超越的な次元に入りました。あたかもすべて（物質的および非物質的）と一体になったかのように感じました。

【サイキック、パラノーマル】 わたしは七歳から八歳の頃、父が弟と交わしている会話を耳にしました。彼らは裏庭にいて、わたしはドアが閉まった家の中にいました。わたしは四〜五歳の頃から聴覚障害を持っていましたが、長年にわたり、さまざまな人から多くの会話や考えを「聞いて」きました。

【出会い】 わたしを（言葉ではなく）導いている存在を感じました。わたしがそれに同意すると、それは止まりました。わたしは神に会ったように感じました。

【普通でない死】 体調が悪くなって意識を失いました。わたしは体から出て、トンネルを通って光と、光のなかの存在に向かって、猛スピードで進みました。テレパシーでその存在と交信しました。わたしはトンネルを通って自分の体に押し戻され、目が覚めました。

〈例外的体験〉は心理・スピリチュアル的な変化、つまり気持ちの健康 *emotional health* と人生の意味 *meaning in life* に変化をもたらします。また〈例外的体験〉は、スピリチュアルな成長得点の分散の四七％を説明し、人生の意味得点の分散の一五％を占めていました。[2]〈例外的体験〉は時に、人生に興味深い「肯定的変化」をもたらすようです。

room 4 超常現象信念

超常現象信念は、「輪廻転生は起こる」など、超常現象を信じている程度を指します。超常現象信念も心理学の研究テーマのひとつで、さまざまなデータが積み重なっています。はたして、どういう人が超常現象を信じやすいのでしょうか？

1

沼りやすい人
実務者を訪問する

イギリスの成人五一六人〔四〇歳〕を対象に、次の四つを調査しました。[1]

【超常現象体験】 サイキック、ミディアム、スピリチュアリズム、テレパシー、予知 precognition、予感 premonition、遠隔視 remote viewing――を体験したことがあるか？

【超常現象実務者訪問】 ミディアム、サイキック、スピリチュアリスト、占い師――を訪れたことがあるかどうか？

【超常現象能力】 ミディアム、サイキック、スピリチュアリズム、占い――の能力が自分にどれくらいあると思うか？

この数値を使って、回答者を次の四群に分類（潜在プロファイル分析）しました。

●クラス1：体験L（低）／訪問M（中）／能力H（高）――〔回答者の二一％〕
●クラス2：体験M／訪問L／能力L――〔二六％〕
●クラス3：体験L／訪問M／能力L――〔一七％〕
●クラス4：体験L／訪問L／能力L――〔三四％〕

その結果、クラス1はクラス4に比べて、超常現象信念（わたしは神を信じている）、情動抑制（感情を表現しないことで自分の感情をコントロールする）が高くなっていました。また、クラス3はクラス4に比べて、実行機能困難（特定のタスクに注意を払い続けるのは難しい）、日常記憶困難（やると約束したことや、やろうと計画していたことを完全に忘れる）、作業記憶困難（読んだ内容を思い出すのが難しい）が高くなっていました。

このことから、「認知機能の困難」を抱えている人が、超常現象の実務者**を訪問する**ようになり、そうすると超常現象能力**が自分にもある**ように思えてくる、という経緯が推測されます。

2 信じやすい人

ヤギ・ヒツジ効果

超常現象信念 *paranormal belief* とは、超常現象が起こること（「輪廻転生は起こる」「黒魔術は本当に存在する」など）をどれくらい信じているか、を指します。体験の多さではなく、信念の**強さ**になります。

ある研究によると、〈超常現象〉信念が強いほど、ストレス（知覚されるストレス、身体的訴え）は高く〔r=.25,.33〕なっていました。[1] しかし、縦断研究（クロス・ラグド・モデル）で調査すると、ある時点の超常現象信念が、次の時点のストレスに与える影響は小さいこともわかりました。[2]

どういう人が信じやすいのでしょう? 改訂版トランスリミナリティ・スケールは、心理的な刺激が閾値を超えて**意識に出入りする**という信念の強さを測定します。[1]たとえば、「ときどき、考えがあまりに早く思い浮かび、書き留めることができない」「いまのところ、わたしは空想したり想像を膨らませたりするのが得意だ」「一度に数日間、視界や音に対する意識が高まり、それらを遮断することができない」などです。

上記の研究では、トランスリミナリティが高いほど、〈超常現象〉信念が高く〔r=.48〕なっていました。[1]また別の研究では、トランスリミナリティが高いほど、神秘体験が多く〔r=.46〕、被暗示性（テレゲン没入尺度）が高く〔r=.72〕なっていました。[3]

そして、オーストラリア版ヒツジ・ヤギ・スケールは、〈感覚外知覚 *extrasensory perception*〉に対する信念の強さを測定します。[4]「わたしは感覚外知覚の存在を信じている」「わたしは顕著な念力の能力を持っていると信じている」などの項目で、得点が高いほど信じている（ヒツジ）ことになります。ある研究では、トランスリミナリティが高いほど、感覚外知覚信念が高く〔r=.50〕なっていました。[5]

ちなみに、〈感覚外知覚〉はそれを信じている**場合にのみ**生じる、というのがヤギ・ヒツジ効果です。[4]それを可能にするモデルも提案されていますが、[6・7]ヤギ・ヒツジ効果をうまく再現できなかったという報告もあります。[8]

3

信念は実現するのか？

引き寄せの法則

〈引き寄せの法則 *law of attraction*〉とは「思考をあることに集中させると、そのことに関連する人や物を引き寄せることができる」という考えです。[1]

心理学はこの引き寄せの法則を「魔術的思考 *magical thinking*」のひとつとして、むしろ**ポジティブ思考の弊害**と考えます。[2] たとえば、「錯覚的信念 *illusory belief*」が（「わたしは何か特別なことをして悪運を回避する」「わたしは高次の力または神を信じている」「もしわたしが何かについて考えすぎると、それが起こるだろう」）強いほど、ねずみ講（マルチレベル・マーケティング）に参加する傾向が高くなっていました。[3] マニフェステーション・スケールは、引き寄せの法則を信じる程度を測るものです。[4] 項目例をあげておきましょう。

●成功の結果を視覚化することで、それが自分の近くに引き寄せられる。

●肯定的なセルフトークによって、わたしは成功を実現することができる。
●成功がすでに近づいていると信じている場合、成功を引き寄せやすくなる。
●成功がすでに実現したかのように行動すれば、成功の結果を引き寄せやすくなる。
●もしわたしが成功を達成しようと考えるなら、その考えだけで成功の可能性が高くなる。
●ポジティブな感情に集中すればするほど、成功が訪れる可能性が高くなる。

これらを信じているほど、短期間でありそうもないレベルの成功（年間三〇万米$を稼ぐ）を達成できると考えていました。[4] このように悪影響が懸念されます。[5]

一方、心理学は総論として、**ポジティブな信念**がよい効果をもたらすと考えます。たとえば、英国に住む第三国定住難民一八〇名を追跡調査したところ（クロス・ラグド・パスモデル）、自己効力感（「目標を達成するのは簡単だ」「予期せぬ出来事に対処できる自信がある」「困難な状況に直面しても冷静でいられる」）は、一年後のポジティブな感情に影響していました。[6]

〈引き寄せの信念〉そのものはポジティブですが、極端な判断や意思決定にならないように注意しましょう。

4 超常現象を信じる

新しい尺度

超常現象・超自然信念尺度 *paranormal & supernatural beliefs scale* は新しい尺度です。[1] 従来の二九項目版をもとに、ラッシュ分析に基づく現代テスト理論（ＭＴＴ、項目反応理論）によって、次の一三項目に精選しました。

- 鏡を割ると不運に見舞われる。
- 妖精やそれに似た存在は実在する。
- 占い師の占いは、一般的に当てずっぽうに基づいている。――［逆転項目］
- 星座は、その人の性格に直接影響を与えることがある。
- サイキック・ヒーリングで治療できる健康状態もある。
- 邪悪な超自然的存在に憑依される可能性はある。

●占い盤を通して霊や超自然的な存在と交信することは不可能である。——〔逆転項目〕
●ココロを読むことは可能である。
●生まれ変わることは可能である。
●一部の文化では、シャーマンや呪術医は私たちが説明できない力を行使する。
●明らかに第六感があるという報告は、一般的に空想に基づくものである。——〔逆転項目〕
●心や魂は肉体を離れることができる。
●叶う夢を見ることは単なる偶然ではない。

0＝強く同意しない、1＝同意しない、2＝同意する、3＝強く同意する、として回答してください。上記の研究では、合計二六点以上を信者 *believers*、それ以下を懐疑者 *skeptics* と分類できるそうです。[1] イギリスの成人二一四人〔平均三四歳〕のうち、一一二人〔五二・三％〕が信者、一〇二人の回答者〔四七・六％〕が懐疑者でした。

room 5

意識はどこに？

「感じるココロ」そのものについて考えていきましょう。はたして、ココロとは何なのでしょうか？　脳の機能に還元する唯物論（物質主義一元論）から、実体二元論、性質二元論、二面的一元論、創発的二元論、汎心論まで、広く紹介してみます。

1

自由エネルギー原理

そして養生

〝意識〟は次のように定義されています〔小学館デジタル大辞泉〕。

1 心が知覚を有しているときの状態。「意識を取り戻す」
2 物事や状態に気づくこと。はっきり知ること。また、気にかけること。「勝ちを意識して硬くなる」「彼女の存在を意識する」
3 政治的、社会的関心や態度、また自覚。「意識が高い」「罪の意識」など。

〝意識〟を「知覚」であるとし、唯物論の立場でいうなら、知覚は「脳」で生じています。自由エネルギー原理（FEP）によると、脳は外界の情報と内部モデルとの差（予測誤差）が最小になるように、精度を調整し続けながら、知覚を生じさせています。予測誤差がゼロになれば、知覚は生じません。[1] 物理学や情報科学で知られるように、閉鎖系において、エントロピーは増大するほうに向かいます。しかし脳（主体）は、カール・フリストンのいう自由エネルギーを最小化するように能動的に推論（行動）します。これはエントロピーの最小化に相当するので、「生命現象」がエントロピー増大の法則にあらがう姿ともいえるでしょう。生命は死を免れるために、「エネルギーを消費してエントロピーの法則に逆らうようなことをして」いるのです。[1]

これを川の流れにたとえた素敵な文章を見つけました。[2] 精神科医の神田橋條治氏は、エントロピー増大の法則を川の流れにたとえ、私たちの「いのち」を（川の流れに逆らって生じる）渦にたとえました。[3] これは「生命のホメオスタシス」（生体の恒常性）そのものです。

このとき無理なホメオスタシスが心身の養生を妨げる、と私は考えます。つまり、心身を養生し、無理なく生きるとは、自然に死にゆくことなのです。

2 心身問題

一元論／二元論／二面的一元論

ここでは、心身問題 *mind-body problem* を考えてみましょう。

前節で「唯物論の立場でいうなら、知覚は脳で生じています」と書きました。これは、ココロの現象を脳の現象に還元できる、という立場で、物質主義（マテリアリズム）と呼ばれる一元論の考え方です。現代の自然科学がこの立場です。

一方、汎心論（パンサイキズム）といって、世界は非物質で構成されているという一元論もあります。たとえば、ココロ（スピリット、魂、エートス、気、エネルギー、バイブレーション、神聖な光、意識、マインドなど）は物質に還元できないという立場です。[1] 原始的なアニミズムもそうですし、現代的にいうなら、素粒子にも意識（プロト・コンシャス）があるという考え方です。映画《スター・ウォーズ》のフォースも、汎心論の設定かもしれません。

ルネ・デカルトの〈実体二元論 *substance dualism*〉は、精神も物質もどちらも実体であると認める立場です。「ココロ（スピリット、魂など）が身体に宿る」という考え方は理解されやすいので、プラトンの時代からある考え方です。

デイヴィッド・チャーマーズの〈性質二元論 *property dualism*〉は、現代的な二元論といえるでしょう。性質二元論では、ある実体の二側面として、ココロの現象と脳の現象が現れますが、お互いに還元できません。つまり、ココロは脳から生じるが、脳には還元できず、しかも非物質的だというわけです。汎心論に近くなります。

そして最近、注目されているのが、〈二面的一元論 *dual-aspect monism*〉です。これは「心身は存在論的には一つであるが、ココロを認識論的に脳に還元することは不可能」という考え方です。[2] カール・ユングが類心的無意識（サイコイド）あるいはウヌス・ムンドゥスと呼んだものが、まさにそうだといわれています。[3] テレパシーやエネルギー（心理的）などの現象を解明するにも〈二面的一元論〉が重要だという指摘もあります。[1・4・5] カール・フリストンが最近、提唱するマルコフ一元論もこれに似ていますが、著者らは「心と意識を説明するために必要な、追加の還元不可能な特性はありません」（つまり還元可能）と書いています。[6]

3

死後の意識①

継続的な絆

〝意識〟は、死後にどうなるのでしょうか。

緩和ケアを専門にする内科医の岸本寛史氏は「病気が進んで死が迫ってくると、多くの人の時間体験の様式は変わっていく」といいます。[1]「明日がどうとか、先がどうとか、時間が過去から未来に向かって一直線に延びるという時間の流れではなくなるということです。これまで重要と思っていた未来のことが何の意味も持たなくなり、いまこの一瞬一瞬へと意識が向かう」〔p.165〕と書いています。

したがって、それに向き合う岸本氏も、「死をあえて対象化しない」といいます――「死を、現在の自分の外にある何か未知の恐ろしいものというように考えないというか。それでももちろん、関係ができていた患者さんが亡くなられるのを見るのはすごくつらいですし、感情がとても揺れ動きます。ただ、プロセスと考えることで、亡くなられたあとも自分の中でイメージがあって、関係が続いているという感覚はある。それが救いになっているのかもしれません」〔p.162〕。

ここで、「関係が続いている感覚」という言葉に注目してみましょう。心理学では、死者との「継続的な絆（コンティニュアス・ボンド）」は、悲嘆の克服と人間的な成長に必要だと考えます。[2] もし死後に魂の世界があるとしたら、それは「絆の感覚」という**情報**の世界なのかもしれません。

ところで、死後の生命を科学的に捉えようとする研究者たちもいます。[3] 臨死体験 *near death experiences* を説明するためには、〈創発的二元論 *emergent dualism*〉が適している、という論文もありました。[4] 創発的二元論とは「意識は脳で生じるが、脳には還元できず、しかも非物質的だ」という立場です。

〈非局所的意識 *non-local consciousness*〉という意識論を提唱する人もいます。[5・6]「非局所性」とは、線形空間を介した信号伝達ではなく、対になった素粒子同士の離れた情報交換または相関と定義されます。このようなもつれ（エンタングルメント）は時空を超えたプロセスです。これによって「サイ現象」などを説明できるというわけです。

4 死後の意識 ②
多元宇宙論

アンソニー・ピークの「船頭を騙す *Cheating the Ferryman*」仮説は、死後の意識の存続を科学的に説明できるかどうか、を論考したものです。[1]

まず、臨死体験（NDE）において、時間の流れが極端に遅くなり（あるいは完全に止まり）、人生の走馬灯 *panoramic life review* を体験することが知られています。その際、過去の人生だけでなく、これから起こる未来にも出会うこと *flash forward* もあるそうです。生き返った彼らは、実際にそれを体験するので、未来の記憶 *future memories* とも呼ばれます。

もうひとつは、観測者問題 *observer problem* です。エルヴィン・シュレディンガーの思考実験において、生と死が重なった猫は、観測によって一方の状況が単純に消滅し、他方が自然に発生します。ヒュー・エベレット三世は、波動関数は崩壊（収縮）

せずに測定点で二つに分割されるので、箱を開けると、ひとつは死んだ猫を含む宇宙、もうひとつは生きた猫を含む宇宙に対応すると主張しました。これは多世界解釈 *many-worlds interpretation* と呼ばれます。

これらのことから、アンソニー・ピークは「宇宙は無数にあり、〔中略〕これらすべての宇宙が同時に存在している可能性があるため、現時点で、すべての決定のすべての結果がすでに存在し、経験されるのを待っています」と書いています。

ところで、マックス・テグマークの「量子自殺 *quantum suicide*」の思考実験では、銃を向けられた実験者は生き続けて安心し、銃を向けた助手は実験者の即死を目の当たりにして、パニックになります。実験者の世界では自分は死ななかったが、助手の世界では実験者は死んだ、という多世界解釈になるのです。

ここで重要な点は、実験者が知覚できるのは、自分が生き残る現実しかない、ということです。逆に言うと、死は他者にしか起こらないものです。アンソニー・ピークは、これらをふまえて「個人の不死 *personal immortality* は可能であるだけでなく、可能性が高いことを証明します」と書きました。もしかしたら、私たちの意識は多元宇宙 *multiverse* のなかで生存し続けるのでしょうか。[2]

5

情報としての意識

ジェームズ・グラットフェルダーは、スイスの物理学者、複雑系科学者、金融アナリストです。彼は『情報・意識・現実』〔二〇一九年〕で「意識」論を整理しています。[1]

【唯物論・科学的現実主義】 すべては単なる大きな偶然、まったくの偶然によって起こりました。私たちは自然の基本的な法則を知っており、言えることはそれだけです。

【スピリチュアリティ、汎心論】 純粋な意識だけが存在します。無限のサイクルでは、それは別個の物理的具体化として現れ、経験的な文脈を可能にしますが、再び統一されて新たにスタートするだけです。

【弦理論・M理論、宇宙論、量子力学の多世界解釈】 私たちは、考えられるすべての宇宙の

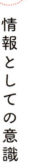

無限の集合である「多元宇宙」に住んでいます。その結果、私たちは自然に、知的で知覚力のある生活を可能にする、その隅っこにいることに気づきます。

【ホログラフィック原理】 私たちの物理的な三次元宇宙は、その境界面にエンコードされた量子情報と同型のホログラムです。

【情報理論と参加型オントロジー】 情報のみが存在します。それは言葉では言い表せない抽象的なソースから現れ、物理的な個別化と純粋な意識を実現し、それらは無限のサイクルで相互作用し、経験的な文脈の出現を可能にします。存在は、知性を表現する、現実化された複雑な構造のより高いレベルへと駆り立てられます。

ジェームズ・グラットフェルダーは、「現実の層 *layers of reality*」という図を描いています〔ibid., Fig.15.1〕。**情報** *information* が存在の基盤としてあり、それは意識と物理的現実という二側面として表現される、という図です。

つまり、意識は情報である、ということになります。そして、ジョン・ホィーラーが主張したように、意識（主観的領域）が物理的現実 *physical reality*（客観的領域）に影響を与えるという「参加型宇宙 *participatory universe*」に、私たちは住んでいるのです。

6 意識の風景

汎心論の世界観

〈汎心論〉はいま、再評価されつつあります。[1] イギリスの哲学者フィリップ・ゴフは、こう書いています[2]――「物質主義や二元論の世界観では、これは過激な主張です。しかし汎心論的な世界観では、すべての基本的な実体 *fundamental entities* が意識の主体 *conscious subjects* です。汎心論は、意識の問題に対する最も有望な解決策のひとつとして、独立したかなりの支持を得ている見解です」と。

また、A・K・ムコパッティアイはインドの臨床検査医師で、意識の研究者です。彼の意見はユニークで、「脳は意識を生成することも使用することもできません。意識が行動の発現のために脳を使用するのです」といいます。[3] 彼は「多元宇宙 *multiverse*」説を支持しています。そして、その多元宇宙を俯瞰するのが〝意識〟ということになります。宇宙＝意識という感じでしょうか。

●マインド・スケープ（物理的表象）——いわゆるカエルの目
●セルフ・スケープ（数学的表象）——いわゆる鳥の目
●ライフ・スケープ——それらの両方を観察する
●スケープ・オブ・コンシャスネス——それらすべてを俯瞰する

ルイス・カメロはブラジルの心理学者です。彼は「身体は意識なしでは生きられませんが、意識は生命そのものであるため、身体なしでも生きられます」といいます。[4] 彼はこう書いています——「人間の意識の本質 *nature* についての見方は、意識の作用が脳と肉体に限定されるという古典的で局所的なものから、意識もまた人間同士の直接的な感覚的接触を超越したかたちで脳を超えて作用するという、より包括的で非局所的なビジョンへ自然に移行するに違いありません。実際、ゼロポイント・フィールドは、相互につながっている二つの心 *mind* のあいだのコミュニケーションの手段であり、より高い周波数 *frequency* を通して瞬時にコミュニケートできるのです」と。

もしこれが本当なら、テレパシーも可能になります。

room 6 夢、また夢

睡眠中の夢は、「感じるココロ」のひとつの現れといえます。夢のなかでスピリチュアルな体験をする人もいますし、夢から芸術作品が生まれることもあります。それらは時に、人生に〝肯定的変化〟をもたらすようです。そのような事例を紹介します。

1 スピリチュアル・ライフ
四つのテーマ

最初に、イギリスとルーマニアの共同研究を紹介しましょう。[1] 夢と「学び」「個人的成長」「スピリチュアリティ」について、一一八名にオンライン調査しました。質問は次の四つです。

- 夢の質を改善し、夢を思い出し、使う能力を高めるために、眠る前に何か技法を使ったことがありますか？　たとえば瞑想、呼吸法、アファーメーション（言葉）など。
- 夢や夢のなかの何かが、結果として、あなたの人生を変化させたことがありますか？
- 夢はあなたが何かを学ぶのに役立っている、と気づいたことがありますか？
- あなたの夢にはスピリチュアルなメッセージや性質があると思いますか？

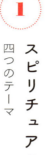

その結果、九八名〔八三％〕が、何らかのかたちでスピリチュアルな生活に役立つ夢を見たと回答しました。テーマ分析により、四つのテーマが明らかになりました。

【夢は無意識を意識にもたらし、癒しと洞察を生じさせる】〔四一名／三五％〕

「私は夢を、無意識の心が人に語りかける手段だと考えています」

【夢は直感と感情を通してスピリチュアルな知識にアクセスする】〔一一名／九％〕

「（夢のなかで）死に瀕したとき、彼らはとても安堵したように見えました。まるで天国を見たかのように。死は本当に思っているほど悪いものなのでしょうか」

【夢の中で他者と出会うことを通してスピリチュアルなメッセージを得る】〔一九名／一六％〕

「娘を妊娠していたとき、祖母の夢を見ました。祖母は花園にいて、大量のバラを摘み、その中から青いバラを、夢のなかで私にくれました。私は祖母譲りの美しい青い目をした娘を産みました」

【夢はこれから起こる出来事についての予感としてのスピリチュアルなメッセージ】〔一一名／九％〕

「ある夜、私は父が祖母のために司祭を連れてくるように言う夢を見ました。朝、祖母が亡くなったと連絡が入りました」

2

超心理学
スパーナル・ドリーミング

宗教人類学者が自分の「夢日記」を分類したという、珍しい研究を見てみましょう。[1] 夢の八〇～九〇％が日常生活の観点から認識可能な夢、いわゆるふつうの夢（ノーマティブ・ラショナル・ドリーミング）、残りの九～一四％が特殊な夢でした。それは次のように分類できました。以下に、論文から要約して示しましょう。

【ミシック・イマジナル・ドリーミング】〔五～七％〕
神話的に構築された、記憶に残りやすい、鮮やかな**元型的な**夢です。インスピレーションや創造的な反応、新しい洞察、発見、または困難な状況の解決をもたらすように機能する可能性があります。

【サイキック・インテュイティブ・ドリーミング】〔三～五％〕

〈サイ・ドリーミング〉ともいいます。起きているときには作動しない**サイキックな能力**が夢のなかで顕現するものです。テレパシー、予知、透視、過去生、体脱体験、共同夢（ドリーミング・トゥギャザー）、明晰夢、訪問（ビジティング）など。

「超心理学parapsychology」では、夢は感覚チャネル（センソリー・チャネルズ）に含まれない情報にアクセスできると考えます。[2] 夢は、三次元空間と線形時間を超えたもの（スピリチュアリティという超越的側面）に関連するのです。

【ミスティカル・オントロジカル・ドリーミング】〔一〜二％〕

〈スパーナル・ドリーミング〉とも言います。場面、物語、登場人物、視覚、聴覚はすべて消滅する傾向にあり、形や言葉を超えて、直接**参加的に知っている**という状態だけが残ります。

著者のリー・アーウィンは、「ライフとアウェアネスを心身のさまざまな関係のなかで支え、統一的な文脈や連続性を与えるもっとも適切な表象は何かというと、存在やエネルギーや意識を超えた『何か』である」といいます。そして、それをスピリット、聖なる可能性 *sacred potential*、神秘 *mystery*、存在の充実 *fullnes of being* と呼んでいます。[1]

3

神との出会い

スピリチュアルな夢

スピリチュアルな夢とは、夢のなかで天使を見たり、スピリチュアルな礼拝所にいたり、スピリチュアルな人々を見たりして、メッセージあるいは警告を受けることで、人生に**肯定的な変化**をもたらすような夢です。[1] 危険を警告されたりというように、目覚めたときに感情を揺さぶるような「認識論」的な夢、あるいは夢のなかで「特別なメッセージ」をくれる死者に会うこともあるようです。そんな夢の一例を、論文から要約して示しましょう。[1]

わたしはとても高く、白くて、光り輝く大きなモスクの中にいました。多くの人が緑色の特別なドレスを着ていて、何人かがドアから外に出て行きました。わたしはそこで叔母を見ました。彼女も緑のドレスを着ていました。叔母は『そのドアから出たい』とわたしに言いました。わたしは『だめ、行かないで！』と言いました。叔母は『わたしは許されたの、行くべき時なの』と言い、ドアを通り過ぎました。翌日、叔母が亡くなったのです。

臨死体験をした四六名をオンライン調査した、スイスの研究を見てみましょう。[2] スピリチュアルなテーマが登場する夢を「臨死体験」後にどれくらいの頻度で見るかを尋ねたところ、かなり高い〔四五％〕／やや高い〔三六％〕／これまでと同じかそれ以下〔一三％〕／やや低い〔四％〕という回答でした。

終末期の夢や幻視 *End-of-Life Dreams and Visions* は、死を間近に控えた人に意味と安らぎを与えることがあるそうです。[3] 七〇名のホスピス患者への調査では、ＥＬＤＶを経験した人はしていない人に比べて、外傷後成長 *posttraumatic growth* が高くなっていました。

そして、ドイツの聖職者八八名と非聖職者二六九名を調査した研究です。[4] 夢の一〇％以上が「神に出会う」夢だと回答した人は、聖職者で一〇名〔一一％〕、非聖職者で一九名〔七％〕でした。しかも、神への信仰が日常生活において重要な役割を果たしているほど、神との出会いに関する夢が多くなっていました。

4 夢と芸術
ドリーム・マッピング

スーザン・ヒラー〔一九四〇～二〇一九年〕は、文化人類学者で現代の芸術家です。夢、自動書記、臨死体験などの超常現象を素材にして（もちろん、その他のコンセプトの作品もあります）、書物、映像、ドローイング、巨大なインスタレーションなどを媒体に、独自の制作を発表してきました。

たとえば《ドリーム・マッピング》〔一九七四年〕は、参加型の作品です。[1] 参加者たちは三夜連続で、自分の好きな円を選び、その中で眠りました。翌朝、参加者たちは自分の夢をノートに記録し、それに対応する図形や地図を描いたそうです。その後、夢のなかで最も印象的だった図形をトレーシングペーパーに書き写し、それらの個人的な投稿をもとに、日ごとに合成したマッピングを作成しました。

アーティストとしての彼女の意図は、文化的な無意識を掘り下げ、見落とされ無視されてきた領域を指摘することだったようです。[1]その際、非日常的な経験や文化に対する型破りな見方に対する憧れがあった、と評論されています。私たちが超常体験に関心をもつことの意義は、「見落とされ無視されてきた領域」を再評価する点にあるのかもしれません。

スウェーデンの超心理学者エッツェル・カルデーニャも、サイ〔超能力〕現象・研究・理論が、シュルレアリスム、抽象芸術、コンセプチュアル・アートなどの近現代運動において重要なトピックで、インスピレーションの源になったと考察しています。[2]

たとえば芸術家たちは、自分の思考や感情が離れた場所の他者に影響する可能性を考え、作品のモチーフにしてきました。このことは、アール・ブリュットにも取り入れられています。スイスのジャンヌ・ナタリー・ヴィンチュ〔一八七一〜一九四四年〕の刺繍作品《私はラジオ *Je suis radio*》〔一九二四年〕は、彼女がチューリッヒのブルクヘルツリ精神病院に入院していたときのものです。それは、もはや**宇宙の神秘と美しさ**を感じさせる作品になっています。

5 シンクロニシティ

共時的な夢

〈シンクロニシティ *synchronicity*〉は、「意味のある偶然の一致」または「非因果的な連関」を指す言葉です（ただし、「意味のある」の意味するところに関しては興味深い議論があるようです）[1]。心理療法においては、シンクロニシティ（共時的な出来事）がしばしば生じます。本節では、シンクロニシティの記述を含む四六篇の事例研究と、一二人のセラピストのインタビューを分析した研究を紹介しましょう[2]。

この論文では、特にセラピストの視点から見て、心理療法の文脈で〈シンクロニシティ〉がどのように扱われたか、セラピストがそれをどのように統合したか、そして、そのことが心理療法の経過にどのような影響を与えたか、について分析しました。

その結果、全事例の九三%において、セラピストが心理療法で起こったシンクロニスティックな瞬間に対してきちんと反応すると、心理療法の過程によい影響を与えることが示されました。――シンクロニシティはしばしば夢にも現れます。家族の問題を抱えたクライエントが見た夢を、論文から要約して示しましょう。[2]

【夢】　昨晩、二つの夢を見ました。最初の夢では、コウノトリのペアが道端に座っているのを見て、とても幸せな気持ちになりました。二つ目の場面では、ある部屋に入ると母が座っていました。私は母に優しく挨拶するが、私は母のすぐ隣に座っている雌のコウノトリのところに行きたいのだと気づきました。

著者は、次のように考察しています――「コウノトリは子どもを運んでくるものです。象徴的なレベルでは、コウノトリは良好な親子関係を表しています。コウノトリの子どもは、年老いたコウノトリの親を養う。セラピストは、元型的なスピリット・ペアレンツが存在すると気づきました。セラピストはこのことをクライエントに伝え、それは結果的に、彼女にとって大きな癒しになりました。無意識の元型的な母体から、いわばスピリット・ペアレンツの癒しという申し出が届いたのです」。

room 7

サイ現象

サイ（超能力）研究はよく、科学的な（唯物論的な）立場から批判されますが、私はサイの視点が「感じるココロ」の可能性を広げてくれると考えます。room5に続いて、非実体二元論、普遍宇宙意識モデル、高次元空間の主張を見ていくことになります。

1

未来を感じる？

予知をめぐる論争

アメリカの心理学者ダリル・ベムが二〇一一年に発表した論文は〈予知 *precognition*〉に関する実験で、論争を呼びました。[1] 彼は「遡及的プライミング *retroactive priming*」という新しい方法を開発しました。

参加者はコンピュータの画面に提示される写真（国際感情写真体系）を見て、快または不快を二・五秒以内で判断し、反応時間を測定します。その直後に、肯定的な単語または否定的な単語（たとえば「美しい」「醜い」）が〇・五秒だけ提示されるようになっていました。その結果、「写真と言葉が不一致な組み合わせの反応時間」は「一致した組み合わせの反応時間」より平均一五ミリ秒遅れていました［研究3］。また、この差がゼロ以上だった人が、参加者の六〇・八％いました。この結果は、後から提示される言葉によって、写真の判断が影響を受けていると解釈されました。

ダリル・ベムはその後も検証を続け、[2] ジュリア・モスブリッジ、ディーン・ラディン、エッツェル・カルデーニャらは好意的な評論を発表しています。[3・4] 一方で、結果を再現できなかった報告もあります。[5・6・7] あるいは、後づけ的な分析でしか（男性や英語話者においてしか）再現できなかったという報告もあります。[8・9]

ただし、《サイ現象》に肯定的な意見（文章）を読んでから実験に入ると（否定的意見を読む場合に比べて）、遡及プライム効果が見られた、という報告は興味深いです。[9] それは次のような文章（ルパート・シェルドレイクの言葉）でした――「テレパシー、感覚外知覚、サイ現象は一般的に実在し、説得力のある証拠に裏付けられている。私は超心理学の研究を真剣に受け止めている。予知夢や、感情的な興奮が五、六秒前に生理的な興奮を引き起こすという予感 *presentiment* についても、十分な証拠があると思う」。

以上を整理すると、《サイ現象 *psi phenomena*》を実験で再現するのはおそらく難しそうです。このことを、どのように考えればよいのでしょうか。

2 超心理現象はある？

科学的な立場から

サイ *psi*（超能力）研究には、感覚外知覚（テレパシー、透視、予知、過去知）、サイコキネシス（念力）、過去生記憶、ミディアム、臨死体験 *near death experience* などが含まれます。[1]

まず「超心理学」に対しては、科学的な立場から痛烈な批判があることを、お伝えしなければいけません。たとえば次のようなものです［要旨］[2]。

私たちの立場は単純です。超心理学者の主張は真実であるはずがありません。報告される効果は存在論的ステータスを持たない可能性があります。データには存在価値がありません。古典的な英語のアデュナトンでは、「豚は飛べない」となります。したがって、その可能性を示唆するデータには必ず欠陥があり、弱い方法論または不適切なデータ分析に起因するか、またはタイプ1のエラー（無いものを有るという間違い）が発生しています。

この論文の著者らは、《サイ現象》の存在に関する研究は、一五〇年近くの研究にも関わらず、文字どおり何の進歩もなかった、とも付け加えています。これに対して、量子力学と意識の研究の進歩に期待できる、という反論もあります。[3] たとえば次のような記述です〔p.640〕。

量子力学（クォンタム・メカニクス）や意識の分野は、古典力学で成功したような機械論的アプローチでは十分に特徴づけられません。そして間違いなく、サイのデータは、意識と量子力学の両方に関連する現象を捉えています。私は、サイに対する懐疑論者は、意識の問題をもっと注意深く考えるべきだとも思うのです。

本書のroom5で述べたように、心身問題には多くの考え方があります。サイ現象を説明するには、唯物論（物質主義）を離れる必要があるのかもしれません。[4]

3

ジョーズ・カフェの閉店

非実体二元論

ここでは、ハイゼンベルクの量子力学をモデルにした《サイ現象》の理論を、論文を要約しながら紹介しましょう。

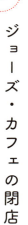

アメリカの生命科学者スチュアート・カウフマンは「非実体二元論 *non-substance dualism*」を提唱しています。[1] それは、「世界は存在論的にリアルで排中律に従わない『可能性 *possibles*』と、存在論的にリアルで排中律に従う『現実 *actuals*』の両方から構成される」という立場です。[1]

「現実」と「可能性」は、ココロ *mind*――量子力学でいう測定 *measurement*――によってリンクされています。ココロはこれらの可能性を、物理的な原因がなく *acausally* 現実に変換します。「シュレーディンガーの猫」は、死んだものと生きたものを重ね合わせた状態で用意されていて（排中律に従わない可能性）、ココロは、量子力学でいう波動関数を崩壊させることで、可能性を現実に変換するのです。[2]

さらに、現実が変化すると、次の可能性も物理的な原因がなく変化します。たとえば明後日、私とあなたがジョーズ・カフェで会うことになっているとしましょう。もし今日の深夜、ジョーズ・カフェが永久に閉店したら、私たちが明日そこで会える可能性は消えてしまいます。ジョーズ・カフェの閉店は、いま現実であることの変化です。[3]

カウフマンは次のように書いています[2]――魂が存在する可能性は非常に低いですが、不可能ではありません。宇宙のココロ *cosmic minds* もありえないことではない。さらに、ディーン・ラディンが示唆するように、人間のココロが部分的に量子的であるならば、テレパシーは非局所性 *non-locality* によって不可能ではありません。可能性のある魂たち *possible souls* とのコミュニケーションも否定できないのです」と。

彼は、生命の成り立ちは、物理学（ロゴス *logos*）をベースにしながら、それを超えて、混沌（エロス *erros*）から創発する、と主張します。[4]

複雑系科学者らしい意見だと思います。

4 唯物論を超えて

普遍宇宙意識

「世界は何で構成されているか」について、おさらいしておきましょう。

本書では、唯物論（物質主義）、実体二元論といった理解しやすいものから、性質二元論、二面的一元論〔room5:2〕、創発的二元論〔3〕、汎心論〔5〕、非実体二元論〔room7:3〕……と、さまざまな立場を見てきました。「意識は情報である」という立場〔room5:5〕もありましたね。もうひとつ、ジュリア・モスブリッジの〈普遍宇宙意識 *pervasive universal consiousness*〉モデルを見てみましょう[1]。

彼女によると、知覚者は、「ミンコフスキー時空」でいう光円錐 *light cone* の外側にある情報を、普遍宇宙意識から受け取ります。その際、知覚者と普遍宇宙意識とのあいだに相互作用がある、と仮定します。つまり「熟練した予知能力者」がいるとして、愛する人と見知らぬ人の未来に関する情報を得ようとした場合、両者の精度に差があるはずだ、というわけです。ここで、「感覚外知覚は、それを**信じている場合にのみ**生じる」という、ヤギ・ヒツジ効果を思い出してください〔room4:02〕。超心理学 *parapsychology* の再現性問題と併せて考えると、《サイ現象》を唯物論（物質主義）にもとづいて、科学的に検証することには、おのずと限界がありそうです。

スチュアート・カウフマンの〈非実体二元論〉に従うなら、可能性を現実に変換するのはココロです〔room7:3〕。もし《サイ現象》が、カウフマンのいう可能性にアクセスすることであり、しかもそれがカール・ユングのいう「生きられなかった可能性」まで含むとするなら、[2] もはや科学的に検証しようがありません。

たとえば、私（串崎）が誰かに対して何かを感じたとして、それがカウフマンのいう可能性であるとするなら、そして相手がそれを否定した場合、客観的には「外れ」となります。しかし私のココロが、量子力学でいう波動関数を崩壊させたなら、その可能性は現実としての意味をもつことになります。それがまた可能性を変化させるとなれば……ということを〈非実体二元論〉は示唆します。

これでは世界が幾つあっても足りないですね。幾つもあるかもしれませんが……。

5

高次元の空間とは

膜宇宙論

イギリスの宇宙物理学者バーナード・カーは「いまの物理学にはココロ *mind* が無い」と考えていて、物質・心・時間・空間を統一 *unification* した理論が必要だ、と主張しています。[1]

彼は〈M理論〉（宇宙を一一次元と考える理論）でいう「高次元空間 *higher dimensional space*」、特にリサ・ランドールらが提唱した、物理的世界を高次元バルク *bulk*（時空）のなかにある四次元ブレーン *brane*（膜）だとみなす理論にもとづいて、ユニバーサル構造 *universal structure* を提案しました。彼は次のように書いています。[2] 論文から要約して紹介しましょう。

私自身のモデルでは、物理的と現象的な時空間は、五次元の現実構造の投影とみなされている。その余剰次元（第五次元）が、（物理的時間 *physical time* と異なる）心的時間 *mental time* に関連する。つまり、私には二つの時間次元があるが、空間次元は同じである。私のモデルはまた、その現実構造を五次元以上に拡張することによって、非物理的な起源 *physical origin* の経験（臨死体験など）にも対応する。重要な点は、多くのサイキックな体験（テレパシー、透視、亡霊、体脱体験、臨死体験など）が、何らかの共同空間 *communal space* の存在を必要とすると思われることだ。これは物理的空間と同じではないが、高次元空間であると仮定されている。この空間は「ユニバーサル構造」と呼ばれ、ある種の拡張された現実、つまり物理的空間を超えつつ、微妙に相互作用する情報空間 *information space* とみなすことができる。ユニバーサル構造という余剰次元が、物理的時間とは異なる経験的時間の階層を構成している。

カーは「高次元理論は現在のところ検証不可能であり、すべての物理学者が高次元理論に熱中しているわけではない」とも書いています。もしかしたら《サイ現象》は、膜宇宙 *braneworld* の余剰次元、あるいは多元宇宙で生じる現象なのでしょうか。

room 8

ポジティブ・エネルギー

最後に、未知なるエネルギーの使い方について、私の考え方を述べておきましょう。自然や人から「よい気」を採り入れ、好感（ポジティブ・エネルギー）と〝合気〟をもって、高い波動、高い次元で生きるためのノウハウです。ぜひ試してみてください。

1

よい気を採り入れる

未知なるエネルギーをめぐる散歩で、超常現象や心身問題など、いろいろ回り道をしてきました。ここからは本書『好感の学校——ポジティブ・エネルギーで生きる』のテーマに戻り、私の考え方を述べてみたいと思います。

まずここでは、〝ポジティブ・エネルギー〟を**自分に合う気**と定義しておきましょう。**自分を元気にする**エネルギー（パワー、フォース）のことです。自動車のガソリンのようなイメージです。

もちろん、ポジティブ／ネガティブを何らかの指標や基準で分類することも可能でしょう。私たちの《感じるココロの不思議》ブックレット、黄の巻（『直感の学校』）では、恐れ・不安、怒り・悔しさ、抑うつ・無気力、投げやり・荒んだ、妬み・やっかみ・敵対心、恨み・憎しみ・呪い、邪悪・残虐・堕落などの感情を、ネガティブ・エネルギーに由来すると説明しました。

しかしここで、「知覚者と普遍宇宙意識は相互作用する」という、ジュリア・モスブリッジの考え方を思い出してください〔room7：04〕。**自分にとって**「合うかどうか」で、「ポジティブか、ネガティブか」が、決まってくるかもしれないのです。


それでは、ここで自分をふりかえって、ポジティブ・エネルギーがいま「ココロのエネルギーの貯蔵庫」にどれくらいあるかを、〇〜一〇〇％の数字で表してみましょう。〇はガス欠、一〇〇はガソリン満タンというイメージですね。あるいはスマートフォンの充電をイメージしてもよいです。

この数字は一日のなかでも変動します。朝起きて調子がよくても、夜に疲れて帰ってきたなら、数字は低くなっていることでしょう。「元気」の**気**ですから、心身の疲労度が目安になります。そして、メンタルヘルスの観点から言うと、毎日この数字が五〇を超えていないと、元気が出ません。スマートフォンと同様、こまめに充電したほうがよさそうです。それでは、どうやって増やせばよいのでしょうか？

2 自然から気をもらう

心理学者のキャロル・リフは、カール・ユングを引用しながら、スピリチュアリティの本質を「自然とのつながり《nature connection》」だと捉えています。[1] そして、私たちが**自然に根ざした**スピリチュアリティをどう受け入れるか、を論じました。

そう、「よい気」を採り入れるためには、それを自然からもらうのがいちばんです。動物・植物・自然とのかかわりから、毎日のエネルギーをもらいましょう。

たとえば、動物とふれあい、ココロを通わせましょう。動物たちと友だちになることは、愛・慈しみ・慰め・癒し・家族の体験につながります。生と死について考えたり、大いなる存在とのつながりを感じたりする、きっかけにもなると思います。あるいは、植物と友だちになり、会話することもできます。私は特に鳥が好きなので、ときどき近所を散歩して、そこにいるカラスたちと会話します。

すばらしいことに、人間も動物も植物も、私たちは皆、ひとつの生*LIFE*なのです！

〝ポジティブ・エネルギー〟は、いのちの営みそのもの、あるいはその一部といってもよいでしょう。そのかけがえのなさに敬意を払い、感謝の念をもち続けることも、どうか忘れずに。慣れてきたら、自然を想像することも役立ちます。海や川、森や湖、岩や砂、太陽や月など、さまざまな地形や気象に想いを馳せ、自然のエネルギーと波長を合わせてみましょう。

星々を見上げるのも、よいかもしれません。

フィンランドの青少年一八四名〔十五〜十六歳〕を対象にした研究を紹介します。[2]フィンランドの自然の動画〔四一秒〕を授業のなかで観て、「このビデオから、幸福について何が明らかになりましたか？　自然があなたを幸せにしてくれるかどうか、話し合ってください」という教示のあとの、印象的な作文を紹介しましょう

――「自然はわたしを幸せにしてくれます。空気や自然が新鮮できれいだと、景色もとても美しく、あとで思い出に残る良い経験ができるかもしれません。たとえ機嫌が悪い日でも、ポジティブなエネルギーを得ることができるかもしれません」という感想でした。

3 相手と気を循環させる

「よい気」を採り入れる第二の方法は、二人のあいだで**エネルギーを循環**させてみることです。

「気の合う人」と向かい合って（あるいは横並びに）座りましょう。そして、二人のあいだにエネルギーが循環するイメージを想像します。エネルギーが出入りする箇所は、あなたの好きな身体部位でよいと思います。空気が、二人のあいだで対流するようにイメージしてください。

これをうまくできるようになると、気の合う相手と**ただ一緒にいる**だけで、何も会話しなくても、〝ポジティブ・エネルギー〟をもらえて、元気になります。あなたが傷ついたときや、みじめな気分のときは、このような「ソウル・フレンド」とお茶しましょう〔room2:03〕。一緒にいて癒され、元気になると思います。

このブックレット、緑の巻〔『共感の学校』〕の冒頭で書いたように、気の合う人とは、「以心伝心」や「阿吽の呼吸」で気持が通じる相手です。

横にいるだけで、不安が和らぎ、心地よい感覚になり、優しさが伝わってくる人、一緒にいて安心できる人、温かい気持になる人、落ち着く人です。波長が合う、息が合う、馬が合う、反りが合う、などという表現もありますね。

もし気の合う人が落ち込んでいたり、ネガティブな感情や疲労を抱えているときは、あなたがその嫌なエネルギーをいったん吸収し、あなたの身体のなかで浄化し、相手に返してあげる、というイメージを試してみましょう。あなたの身体が「まるで空気清浄機のようにはたらく」と想像するのです。本当にできますよ。

良いエネルギーが、二人のあいだにしっかり循環できたら、終了です。エネルギーの貯蔵庫の数字は増えましたか？

4 高い次元で生きる

「よい気」を増やす第三の方法は、ポジティブな感情をもつことです。〝ポジティブな感情〟には、安心、落ち着き、優しさ、喜び、信頼、愛、祈りなどがあります。私のお薦めは「感謝の気持」。苦しいときほど、自分が**生かされている**ことに感謝し、周囲の人に感謝し、そして大いなる存在に感謝しましょう。

スピリチュアルな教えは「私たちが物理的には同じ世界で暮らしていても、波動は一人ひとり違う」と説きます。[1] 波動（波長・次元）を高く保つと、高い者どうしがつながり、引き寄せの法則によって、良いことが起こるといいます〔room4:03〕。逆に波動が低くなると、低い者どうしがつながっていき、良くないことばかりが生じる、というわけです（ここでいう波動・波長・次元は物理学のそれとは異なります）。インターネットやソーシャル・メディアでいうフィルター・バブルの現象に似ていますね。

知らないうちに、自分好みの情報が表示されています。

スピリチュアル教師のソニア・ショケットは、これをラジオのチューニングにたとえました。彼女はこう書いています[1]〔Secret#10〕。

私たちのココロは、私たちが出しているのと同じ波動の周波数に同調 *tune in* します。私たちがフォーカスしたり、気にかけている周波数に、特に同調します。もし私たちが恐怖にとらわれ、危険や怪我にフォーカスし、犠牲者のように感じるならば、私たちは同じものを自分に引っ張ってくることになります。他方、もし私たちがポジティブで、人生に肯定的で *life afirming*、愛にあふれた体験にフォーカスするなら、それらは他者によって、自分の意識のファイルに戻ってくるでしょう。

不平不満や愚痴や悪口は、スピリチュアルな波動を下げます。波動を上げるには、ココロのチューニングを〝ポジティブな感情〟にフォーカスしましょう。感謝と、優しさと、祈りが大切です。これがポジティブ・エネルギー！

好感と合気をもって、高い次元で生きるということです。

文献

こんにちは

1 菅原 浩 (2020)「透明な力で人を動かす（その2）——『自然体』の意味と『エネルギー的融合』の地平」長岡造形大学研究紀要 18, 20-25.

2 菅原 浩 (2020)「透明な力で人を動かす——無分節／分節の世界モデルより理解された身体とエネルギーの関係について」長岡造形大学研究紀要 17, 21-26.

room1 エネルギー心理学

1 好感がもてる

1 Thepsoonthorn, C., Ogawa, Ki. & Miyake, Y. (2018). The relationship between robot's nonverbal behaviour and human's likability based on human's personality. *Scientific Reports, 8*, 8435. https://doi.org/10.1038/s41598-018-25314-x

2 Anzabi, N., & Umemuro, H. (2023). Effect of different listening behaviors of social robots on perceived trust in human-robot interactions. *International Journal of Social Robotics, 15*, 931-951. https://doi.org/10.1007/s12369-023-01008-x

3 Wu, B., Liu, C., Ishi, C.T., Shi, J., & Ishiguro, H. (2023). Extrovert or introvert? GAN-based humanoid upper-body gesture generation for different impressions. *International Journal of Social Robotics.* https://doi.org/10.1007/s12369-023-01051-8

4 Yagi, S., Nakata, Y., Nakamura, Y., & Ishiguro, H. (2021). Can an android's posture and movement discriminate against the ambiguous emotion perceived from its facial expressions? *Plos One, 16,* e0254905. https://doi.org/10.1371/journal.pone.0254905

5 Lombardi, M., Roselli, C., Kompatsiari, K., Rospo, F., Natale, L., & Wykowska, A. (2023). The impact of facial expression and communicative gaze of a humanoid robot on individual Sense of Agency. *Scientific Reports, 13,* 10113. https://doi.org/10.1038/s41598-023-36864-0

6 Esterwood, C., Essenmacher, K., Yang, H., Zeng, F., & Robert, L.P. (2021). Birds of a feather flock together: But do humans and robots? A meta-analysis of human and robot personality matching. In *2021 30th IEEE International Conference on Robot & Human Interactive Communication* (pp.343-348), Vancouver, Canada. https://doi.org/10.1109/RO-MAN50785.2021.9515394

7 Mou, Y., Zhang, L., Wu, Y., Pan, S., & Ye, X. (2023). Does self-disclosing to a robot induce liking for the robot? Testing the disclosure and liking hypotheses in human-robot interaction. *International Journal of Human-Computer Interaction.* https://doi.org/10.1080/10447318.2022.2163350

8 Collisson, B., & Howell, J.L. (2014). The liking-similarity effect: Perceptions of similarity as a function of liking. *The Journal of Social Psychology, 154,* 384-400. https://doi.org/10.1080/00224545.2014.914882

2 エネルギー医療とは

1 Zohuri, B., & Kim, C. (2022). Acupuncture driven depression treatment: A noninvasive approach with acupuncture and oriental medication. *Medical & Clinical Research, 7*(11), 01-08. https://www.medclinrese.org/peer-review/

acupuncture-driven-depression-treatment-a-noninvasive-approach-with-acupuncture-and-oriental-medication-433.html

2 Yeung, A., Chan, J.S., Cheung, J.C., & Zou, L. (2018). Qigong and Tai-Chi for mood regulation. *Focus, 16*, 40-47. https://doi.org/10.1176/appi.focus.20170042

3 Mohammad, A., Thakur, P., Kumar, R., Kaur, S., Saini, R.V., & Saini, A.K. (2019). Biological markers for the effects of yoga as a complementary and alternative medicine. *Journal of Complementary and Integrative Medicine, 16*, 20180094. https://doi.org/10.1177/2156587212453727

4 Leskowitz, E. (2018). How tapping into "energy" can trigger a paradigm shift in biomedicine. *The Journal of Alternative and Complementary Medicine, 24*, 525-527. https://doi.org/10.1089/acm.2018.0073

5 Billot, M., Daycard, M., Wood, C., & Tchalla, A. (2019). Reiki therapy for pain, anxiety and quality of life. *BMJ Supportive & Palliative Care, 9*, 434-438. http://dx.doi.org/10.1136/bmjspcare-2019-001775

6 Manasa, B., Jois, S.N., & Prasad, K.N. (2020). Prana: The vital energy in different cultures: Review on knowledge and practice. *Journal of Natural Remedies, 19*, 128-139.
https://doi.org/10.18311/jnr/2020/24487

7 Trivedi, M.K., Branton, A., Trivedi, D., Mondal, S., & Jana, S. (2023). The role of biofield energy treatment on psychological symptoms, mental health disorders, and stress – related quality of life in adult subjects: A randomized controlled clinical trial. *Journal of General and Family Medicine, 24*, 154-163. https://doi.org/10.1002/jgf2.606

8 Ganesh, H.R., Shah, S.D., & Nanduri, V.S. (2022). A case of subarachnoid haemorrhage and postop cerebral vasospasm successfully healed using yoga prana vidya energy healing techniques as complementary therapy. *Clinical Medicine And Health Research Journal, 2*, 291-294. https://doi.org/10.18535/cmhrj.v2i6.132

9 Leskowitz, E. (2022). A cartography of energy medicine: From subtle anatomy to energy physiology. *Explore, 18*, 152-164. https://doi.org/10.1016/j.explore.2020.09.008

10 Rogers, L., Phillips, K., & Cooper, N. (2021). Energy healing therapies: A systematic review and critical appraisal. *Health Psychology Review, 2,* 162-170. http://dx.doi.org/10.13140/RG.2.2.28579.58408

11 Westmoquette, M. (2021). Qi: A personal take on the intersection of TCM and the natural sciences. *Spirituality Studies, 7,* 13-23.

12 Feinstein, D. (2022). The energy of energy psychology. *OBM Integrative and Complementary Medicine, 7,* 1-32.

13 Rao, A., Hickman, L.D., Sibbritt, D., Newton, P.J., & Phillips, J.L. (2016). Is energy healing an effective non-pharmacological therapy for improving symptom management of chronic illnesses? A systematic review. *Complementary Therapies in Clinical Practice, 25,* 26-41. https://doi.org/10.1016/j.ctcp.2016.07.003

3 エネルギー心理学とは

1 Church, D., Stapleton, P., Vasudevan, A., & O'Keefe, T. (2022). Clinical EFT as an evidence-based practice for the treatment of psychological and physiological conditions: A systematic review. *Frontiers in Psychology, 132,* 95145. https://doi.org/10.3389/fpsyg.2022.951451

2 Feinstein, D. (2019). Energy psychology: Efficacy, speed, mechanisms. *Explore, 15,* 340-351. https://doi.org/10.1016/j.explore.2018.11.003

3 Feinstein, D. (2022). Uses of energy psychology following catastrophic events. *Frontiers in Psychology, 13,* 888. https://doi.org/10.3389/fpsyg.2022.856209

4 Feinstein, D. (2023). Using energy psychology to remediate emotional wounds rooted in childhood trauma: Preliminary clinical guidelines. *Frontiers in Psychology, 14,* 1277555. https://doi.org/10.3389/fpsyg.2023.1277555

5 Tang, X., Lin, S., Fang, D., Lin, B., Yao, L., Wang, L., ... & Xu, N. (2023). Efficacy and underlying mechanisms of

acupuncture therapy for PTSD: Evidence from animal and clinical studies. *Frontiers in Behavioral Neuroscience, 17,* 1163718. https://doi.org/10.3389/fnbeh.2023.1163718

6 Huang, H., Yue, X., Huang, X., Long, W., Kang, S., Rao, Y., ... & Zhao, W. (2022). Brain activities responding to acupuncture at ST36 (zusanli) in healthy subjects: A systematic review and meta-analysis of task-based fMRI studies. *Frontiers in Neurology, 13,* 930753. https://doi.org/10.3389/fneur.2022.930753

7 Stapleton, P., Kip, K., Church, D., Toussaint, L., Footman, J., Ballantyne, P., & O'Keefe, T. (2023). Emotional freedom techniques for treating post traumatic stress disorder: An updated systematic review and meta-analysis. *Frontiers in Psychology, 14,* 1195286. https://doi.org/10.3389/fpsyg.2023.1195286

8 Reeve, K., Black, P.A., & Huang, J. (2020). Examining the impact of a healing touch intervention to reduce posttraumatic stress disorder symptoms in combat veterans. *Psychological Trauma: Theory, Research, Practice, and Policy, 12,* 897-903. https://doi.org/10.1037/tra0000591

4 エネルギー治療の体験①

1 Beissner, F. (2020). Therapeutic sensations: A new unifying concept. *Evidence-Based Complementary and Alternative Medicine, 2020,* 7630190. https://doi.org/10.1155/2020/7630190

2 Belal, M., Vijayakumar, V., Prasad K,N., & Jois, S.N. (2023). Perception of subtle energy "prana", and its effects during biofield practices: A qualitative meta-synthesis. *Global Advances in Integrative Medicine and Health, 12,* 27536130231200477. https://doi.org/10.1177/27536130231200477

05 エネルギー治療の体験②

1 Engebretson, J., & Wardell, D.W. (2012). Energy therapies: Focus on spirituality. *Explore, 8,* 353-359. https://doi.org/10.1016/j.explore.2012.08.004

2 Moody, G. (2023). “Dancing with Spirits”: Spirit art and spirit – guided experiential ethnographic techniques. *Anthropology of Consciousness, 34*, 552-585.　https://doi.org/10.1111/anoc.12201

3 中島和歌子 (2017)「陰陽道の式神の成立と変遷再論——文学作品の呪詛にもふれつつ」札幌国語研究（北海道教育大学）22, 1-40.　https://doi.org/10.32150/00007528

room2 神秘体験

1 神秘体験とは

1 James, W. (1902/2008). *The varieties of religious experience: A study in human nature*. New York: Routledge.

2 Yonezawa, K., Tani, H., Nakajima, S., & Uchida, H. (2023). Development of the Japanese version of the 30-item Mystical Experience Questionnaire. *Neuropsychopharmacology Reports*.　https://doi.org/10.1002/npr2.12377

3 Bogenschutz, M.P., Forcehimes, A.A., Pommy, J.A., Wilcox, C.E., Barbosa, P.C., & Strassman, R.J. (2015). Psilocybin-assisted treatment for alcohol dependence: A proof-of-concept study. *Journal of psychopharmacology, 29*, 289-299.　https://doi.org/10.1177/0269881114565144

2 神秘体験を測る

1 Francis, L.J., Ok, U., & Robbins, M. (2017). Mystical orientation and psychological health: A study among university students in Turkey. *Mental Health, Religion & Culture, 20*, 405-412.　https://doi.org/10.1080/13674676.2017.1328403

2 Hall, G.L., & Hall, D.S. (2019). The Hall index of mystical spirituality: An exploration in constructing a short scale of mystical spirituality. *Mental Health, Religion & Culture, 22*, 575-579.　n

3 Hall, G.L., & Hall, D.S. (2021). Mystical spirituality and the Jungian perceiving process: A study in psychological type theory among adult on-line Christians. *Mental Health, Religion & Culture, 24*, 554-562. https://doi.org/10.1080/13674676.2020.1764515

3 神秘的な絆

1 Chen, Z.J., & Patel, J. (2021). Spiritual experiences in soulmate relationships: Qualitative and network analysis of the mystical bond. *The International Journal for the Psychology of Religion, 31*, 176-188. https://doi.org/10.1080/10508619.2021.1899638

2 Stokke, C. (2021). Exploring the transpersonal phenomena of spiritual love relations: A naturalistic observation study of soulmate experiences shared in a New Age Facebook group. *Journal for the Study of Spirituality, 11*, 130-144. https://doi.org/10.1080/20440243.2021.1955454

4 スピリチュアルな変容体験

1 Tressoldi, P., & Woollacott, M. (2023). Who are we, and what is the nature of reality? Insights from scientists' spiritually transformative experiences. *Journal for the Study of Spirituality, 13*, 74-86. https://doi.org/10.1080/20440243.2023.2188676

2 Woollacott, M., & Shumway-Cook, A. (2023). Spiritual awakening and transformation in scientists and academics. *Explore, 19*, 319-329. https://doi.org/10.1016/j.explore.2022.08.016

3 Van der Tempel, J., & Moodley, R. (2020). Spontaneous mystical experience among atheists: Meaning-making, psychological distress, and wellbeing. *Mental Health, Religion & Culture, 23*, 789-805. https://doi.org/10.1080/13674676.2020.1823349

4 Lifshitz, M., van Elk, M., & Luhrmann, T.M. (2019). Absorption and spiritual experience: A review of evidence and

potential mechanisms. *Consciousness and Cognition, 73,* 102760.　https://doi.org/10.1016/j.concog.2019.05.008

room3　超常体験

1　超常体験とは

1　Pechey, R., & Halligan, P. (2012). Prevalence and correlates of anomalous experiences in a large non − clinical sample. *Psychology and Psychotherapy: Theory, Research and Practice, 85,* 150-162.　https://doi.org/10.1111/j.2044-8341.2011.02024.x

2　Castro, M., Burrows, R., & Wooffitt, R. (2014). The paranormal is (still) normal. *Sociological Research Online, 19,* 30-44.　https://doi.org/10.5153/sro.3355

3　吉村正和 (2010)『心霊の文化史――スピリチュアルな英国近代』河出書房新社

4　三浦清宏 (2022)『新版 近代スピリチュアリズムの歴史――心霊研究から超心理学へ』国書刊行会

5　小久保秀之 (2021)「不思議体験の時代比較・国際比較と地磁気――日本・スロバキアのデータを中心に」人体科学 30, 56-69.　https://doi.org/10.20788/jmbs.30.1_56

6　Rabeyron, T., & Loose, T. (2015). Anomalous experiences, trauma, and symbolization processes at the frontiers between psychoanalysis and cognitive neurosciences. *Frontiers in Psychology, 6,* 1926.　https://doi.org/10.3389/fpsyg.2015.01926

7　Acunzo, D., Cardeña, E., & Terhune, D. B. (2020). Anomalous experiences are more prevalent among highly suggestible individuals who are also highly dissociative. *Cognitive Neuropsychiatry, 25,* 179-189.
https://doi.org/10.1080/13546805.2020.1715932

2 ブラジル人のばあい

1 Maraldi, E.D.O., & Krippner, S. (2019). Cross-cultural research on anomalous experiences: Theoretical issues and methodological challenges. *Psychology of Consciousness: Theory, Research, and Practice, 6*, 306-319. http://dx.doi.org/10.1037/cns0000188

2 Monteiro de Barros, M.C., Leão, F.C., Vallada Filho, H., Lucchetti, G., Moreira-Almeida, A., & Prieto Peres, M.F. (2022). Prevalence of spiritual and religious experiences in the general population: A Brazilian nationwide study. *Transcultural Psychiatry*, 13634615221088701. https://doi.org/10.1177/13634615221088701

3 Sanches Furlanetto, D., Máximo Niel, M., Cordeiro Junior, Q., & Paulino Trevizol, A. (2020). From cursed to blessed: The impact of spirituality on the life course of 10 Brazilian spiritist mediums. *Journal of Religion and Health, 61*, 2514-2526. https://doi.org/10.1007/s10943-020-01061-0

3 直感的思考スタイル

1 Irwin, H.J., Dagnall, N., & Drinkwater, K. (2013). Parapsychological experience as anomalous experience plus paranormal attribution: A questionnaire based on a new approach to measurement. *Journal of Parapsychology, 77*, 39-53.

2 Lange, R., Ross, R.M., Dagnall, N., Irwin, H.J., Houran, J., & Drinkwater, K. (2019). Anomalous experiences and paranormal attributions: Psychometric challenges in studying their measurement and relationship. *Psychology of Consciousness: Theory, Research, and Practice, 6*, 346-358. http://dx.doi.org/10.1037/cns0000187

3 Ross, R.M., Hartig, B., & McKay, R. (2017). Analytic cognitive style predicts paranormal explanations of anomalous experiences but not the experiences themselves: Implications for cognitive theories of delusions. *Journal of Behavior Therapy and Experimental Psychiatry, 56*, 90-96. https://doi.org/10.1016/j.jbtep.2016.08.018

4 Dean, C.E., Akhtar, S., Gale, T.M., Irvine, K., Grohmann, D., & Laws, K.R. (2022). Paranormal beliefs and

cognitive function: A systematic review and assessment of study quality across four decades of research. *Plos One, 17*, e0267360. https://doi.org/10.1371/journal.pone.0267360

5 Branković, M. (2019). Who believes in ESP: Cognitive and motivational determinants of the belief in extra-sensory perception. *Europe's Journal of Psychology, 15*, 120-139. https://doi.org/10.5964/ejop.v15i1.1689

6 小城英子・坂田浩之・川上正浩 (2022)「不思議現象に対する態度尺度改訂版 (APPle II) の作成」社会心理学研究 38, 1-8. https://doi.org/10.14966/jssp.2024

4 カウンセリングの場でも

1 Rabeyron, T. (2022). When the truth is out there: Counseling people who report anomalous experiences. *Frontiers in Psychology, 12*, 5918. https://doi.org/10.3389/fpsyg.2021.693707

5 非日常体験

1 Maraldi, E.O., Taves, A., Moll, J., Hartle, L., Moreira-de-Oliveira, M.E., Bortolini, T., & Fischer, R. (2023). Nonordinary experiences, well-being and mental health: A systematic review of the evidence and recommendations for future research. *Journal of Religion and Health*. https://doi.org/10.1007/s10943-023-01875-8

2 Tassell-Matamua, N.A., & Frewin, K.E. (2019). Psycho-spiritual transformation after an exceptional human experience. *Journal of Spirituality in Mental Health, 21*, 237-258. https://doi.org/10.1080/19349637.2018.1481487

room4 超常現象信念

01 沼りやすい人

1 Drinkwater, K.G., Dagnall, N., Denovan, A., Parker, A., & Escolà-Gascón, Á. (2022). Paranormal experience

profiles and their association with variations in executive functions: A latent profile analysis. *Frontiers in Psychology, 12*, 778312. https://doi.org/10.3389/fpsyg.2021.778312

2 信じやすい人

1 Dagnall, N., Denovan, A., Drinkwater, K.G., & Escolà-Gascón, Á. (2022). Paranormal belief and well-being: The moderating roles of transliminality and psychopathology-related facets. *Frontiers in Psychology, 13*, 915860. https://doi.org/10.3389/fpsyg.2022.915860

2 Dagnall, N., Denovan, A., & Drinkwater, K.G. (2023). Longitudinal assessment of the temporal stability and predictive validity of the Revised Paranormal Belief Scale. *Frontiers in Psychology, 13*, 1094701. https://doi.org/10.3389/fpsyg.2022.1094701

3 Evans, J., Lange, R., Houran, J., & Lynn, S.J. (2019). Further psychometric exploration of the transliminality construct. *Psychology of Consciousness: Theory, Research, and Practice, 6*, 417-438. http://dx.doi.org/10.1037/cns0000163

4 Drinkwater, K., Denovan, A., Dagnall, N., & Parker, A. (2018). The Australian sheep-goat scale: An evaluation of factor structure and convergent validity. *Frontiers in Psychology, 9*, 1594. https://doi.org/10.3389/fpsyg.2018.01594

5 Rock, A.J., Friedman, H.L., Storm, L., Jinks, T.A., & Harris, K.P. (2023). Transliminality and transpersonal self-expansiveness predict paranormal belief. *Psychology of Consciousness: Theory, Research, and Practice, 10*, 281-291. https://doi.org/10.1037/cns0000281

6 Piao, D. (2021). Could the sheep-goat effect be the manifestation of attentional-phase dependent mind-matter modulation? *Physics Essays, 34*, 297-314. https://doi.org/10.4006/0836-1398-34.3.297

7 Drageset, O. (2020). A model of matter, mind, and consciousness. *Physics Essays, 33*, 453-459.

http://dx.doi.org/10.4006/0836-1398-33.4.453

8 Schlitz, M., & Delorme, A. (2021). Examining implicit beliefs in a replication attempt of a time-reversed priming task. *F1000Research, 10*, 5. https://doi.org/10.12688/f1000research.27169.2

3 信念は実現するのか？

1 Hu, Y., Jiao, M., & Li, F. (2019). Effectiveness of spiritual care training to enhance spiritual health and spiritual care competency among oncology nurses. *BMC Palliative Care, 18*, 104. https://doi.org/10.1186/s12904-019-0489-3

2 Andrade, G. (2019). The ethics of positive thinking in healthcare. *Journal of Medical Ethics and History of Medicine, 12*, 18. https://doi.org/10.18502/jmehm.v12i18.2148

3 Dixon, L.J., Hornsey, M.J., Hartley, N., Chapman, C.M., & Brienza, J.P. (2023). The psychology of attraction to multi − level marketing. *Journal of Consumer Affairs, 57*, 1213-1235. https://doi.org/10.1111/joca.12526

4 Dixon, L.J., Hornsey, M.J., & Hartley, N. (2023). "The secret" to success? The psychology of belief in manifestation. *Personality and Social Psychology Bulletin*, 01461672231181162. https://doi.org/10.1177/01461672231181162

5 Yeung, J.C., & Lun, V.M.C. (2021). Uncritical use of non-evidence-based self-help materials induces victim-blaming on depressed individuals. *The Journal of Positive Psychology, 16*, 492-502. https://doi.org/10.1080/17439760.2020.1752780

6 Tip, L.K., Brown, R., Morrice, L., Collyer, M., & Easterbrook, M.J. (2020). Believing is achieving: A longitudinal study of self-efficacy and positive affect in resettled refugees. *Journal of Ethnic and Migration Studies, 46*, 3174-3190. https://doi.org/10.1080/1369183X.2020.1737513

04 超常現象を信じる

1 Dean, C.E., Akhtar, S., Gale, T.M., Irvine, K., Wiseman, R., & Laws, K.R. (2021). Development of the Paranormal and Supernatural Beliefs Scale using classical and modern test theory. *BMC Psychology, 9*, 98. https://doi.org/10.1186/s40359-021-00600-y

room5 意識はどこに

01 自由エネルギー原理

1 岸本寛史 (2023)「意識科学の知見を臨床に活かす」精神療法 49, 635-640.

2 原田誠一・神田橋條治・岸本寛史 (2023)「意識、ニューロサイエンス、いのち・病・養生（神田橋）」精神療法 49, 679-688.

3 神田橋條治 (2019)『心身養生のコツ』岩崎学術出版社

02 心身問題

1 Arnd-Caddigan, M. (2019). Clinical intuition and the non-material: An argument for dual aspect monism. *Journal of Religion & Spirituality in Social Work: Social Thought, 38*, 281-295. https://doi.org/10.1080/15426432.2019.1626318

2 Hart, F. (2023). Neuropsychoanalysis and dual-aspect monism. *Qeios*. https://doi.org/10.32388/FPVFQ0

3 Benning, T.B. (2023). Synchronicity as intimation of a non-dualistic cosmology for the mental health field. *Journal of Spirituality in Mental Health*. https://doi.org/10.1080/19349637.2023.2264826

4 Walach, H. (2020). Inner experience: Direct access to reality: A complementarist ontology and dual aspect monism support a broader epistemology. *Frontiers in Psychology, 11*, 640. https://doi.org/10.3389/fpsyg.2020.00640

5 Atmanspacher, H., & Rickles, D. (2022). *Dual-aspect monism and the deep structure of meaning*. New York: Routledge.

6 Friston, K.J., Wiese, W., & Hobson, J.A. (2020). Sentience and the origins of consciousness: From Cartesian duality to Markovian monism. *Entropy, 22*, 516.　https://doi.org/10.3390/e22050516

4　死後の意識①

1 近藤雄生・岸本寛史 (2013)『いたみを抱えた人の話を聞く』創元社

2 Hopf, D., Eckstein, M., Ditzen, B., & Aguilar-Raab, C. (2022). Still with me? Assessing the persisting relationship to a deceased loved-one: Validation of the "continuing bonds scale" in a German population. *OMEGA-Journal of Death and Dying*, 00302228221076622.　https://doi.org/10.1177/00302228221076622

3 Moreira-Almeida, A., de Abreu Costa, M., & Coelho, H.S. (2022). *Science of life after death*. New York: Springer.

4 Kopel, J. (2023). Near-death experiences and emergent dualism. *Theology and Science, 21*, 288-301. https://doi.org/10.1080/14746700.2023.2188374

5 Hardy, C.H. (2015). Nonlocal processes & entanglement as a signature of a cosmic hyperdimension of consciousness. *Journal of Consciousness Exploration & Research, 6*, 1015-1030.　https://www.jcer.com/index.php/jcj/article/view/517

6 Hardy, C.H. (2016). Nonlocal consciousness in the universe: Panpsychism, psi & mind over matter in a hyperdimensional physics. *Journal of Nonlocality, 5*, 1-21.　https://journals.sfu.ca/jnonlocality/index.php/jnonlocality/article/view/67

4 死後の意識②

1 Peake, A. (2023). A new model regarding the survival of consciousness after death. *World Futures.* https://doi.org/10.1080/02604027.2023.2242040

2 Lanza, R., Pavšič, M., & Berman, B. (2020). *The grand biocentric design: How life creates reality*. Dallas, TX: BenBella Books.

5 情報としての意識

1 Glattfelder, J.B. (2019). *Information-consciousness-reality: How a new understanding of the universe can help answer age-old questions of existence.* Cham: Springer International Publishing. https://link.springer.com/book/10.1007/978-3-030-03633-1

6 意識の風景

1 『現代思想』2020年6月号 (2020)「特集・汎心論」青土社

2 Goff, P. (2020). Universal consciousness as the ground of logic. In Godehard Brüntrup, Benedikt Paul Göcke, & Ludwig Jaskolla (Eds.). *Panentheism and panpsychism* (pp.107-122). Leiden, Netherlands: Koninklijke Brill NV. https://doi.org/10.30965/9783957437303

3 Mukhopadhyay, A.K. (2020). Deep science of cosmoneurology the multiverse and the supracortical consciousness. *Journal of Neurosurgery Imaging and Techniques, 6*, 347-366. https://www.scitcentral.com/article.php?journal=38&article=1797

4 Camelo, L.G. (2023). Integrative theoretical framework of consciousness: Towards a higher-order theory. *Psychology (Scientific Research), 14*, 515-559. https://doi.org/10.4236/psych.2023.144028

room6 夢、また夢

1 スピリチュアル・ライフ

1 Robinson, O., & Vasile, M.C. (2023). The perceived link between dreams and the spiritual life: An exploratory qualitative survey. *Journal for the Study of Spirituality, 13*, 63-73. https://doi.org/10.1080/20440243.2023.2189213

2 超心理学

1 Irwin, L. (2020). Supernal dreaming: On myth and metaphysics. *Religions, 11*, 552. https://doi.org/10.3390/rel11110552

2 Robinson, O., & Vasile, M.C. (2023). The perceived link between dreams and the spiritual life: An exploratory qualitative survey. *Journal for the Study of Spirituality, 13*, 63-73. https://doi.org/10.1080/20440243.2023.2189213

3 神との出会い

1 Askari, F. (2021). Predicting the number of spiritual dreams based on the locus of control and reflective thinking. *International Journal of Dream Research, 14*, 226-231. https://doi.org/10.11588/ijodr.2021.2.77875

2 Funkhouser, A. (2021). The effects of near death experiences on dreaming: A pilot study. *International Journal of Dream Research, 14*, 320-322. https://doi.org/10.11588/ijodr.2021.2.80839

3 Levy, K., Grant, P.C., Depner, R.M., Byrwa, D.J., Luczkiewicz, D.L., & Kerr, C. W. (2020). End-of-life dreams and visions and posttraumatic growth: A comparison study. *Journal of Palliative Medicine, 23*, 319-324. https://doi.org/10.1089/jpm.2019.0269

4 Schredl, M., & Mönch, J.H. (2023). Dreaming of God and the role of faith in everyday life: An empirical study. *Pastoral Psychology, 72*, 469-478. https://doi.org/10.1007/s11089-023-01083-x

4 夢と芸術

1 Iribas, A.E. (2020). Psi and anomalous experiences in Susan Hiller's oeuvre. *Journal of Parapsychology, 84*, 179-201. http://doi.org/10.30891/jopar.2020.02.03

2 Cardeña, E. (2020). Depicting the ethereal, Part 1: Visual art and psi. *Journal of Parapsychology, 84*, 202-219. https://doi.org/10.30891/jopar.2020.02.04

5 シンクロニシティ

1 桑原晴子 (2023)「共時性に関する分析心理学的研究の展望」就実大学大学院教育学研究科紀要 8, 43-57. https://shujitsu.repo.nii.ac.jp/records/744

2 Roesler, C., & Reefschläger, G. I. (2022). Jungian psychotherapy, spirituality, and synchronicity: Theory, applications, and evidence base. *Psychotherapy, 59*, 339-350. https://doi.org/10.1037/pst0000402

room7 サイ現象

1 未来を感じる？

1 Bem, D.J. (2011). Feeling the future: Experimental evidence for anomalous retroactive influences on cognition and affect. *Journal of Personality and Social Psychology, 100*, 407-245. https://doi.org/10.1037/a0021524

2 Bem, D., Tressoldi, P., Rabeyron, T., & Duggan, M. (2015). Feeling the future: A meta-analysis of 90 experiments on the anomalous anticipation of random future events. *F1000Research, 4*, 1188. https://f1000research.com/articles/4-1188/v2

3 Mossbridge, J.A., & Radin, D. (2018). Precognition as a form of prospection: A review of the evidence. *Psychology of*

Consciousness: Theory, Research, and Practice, 5, 78-93. https://doi.org/10.1037/cns0000121

4 Cardeña, E. (2018). The experimental evidence for parapsychological phenomena: A review. *American Psychologist, 73*, 663-677. http://dx.doi.org/10.1037/amp0000236

5 Muhmenthaler, M.C., Dubravac, M., & Meier, B. (2022). The future failed: No evidence for precognition in a large scale replication attempt of Bem (2011). *Psychology of Consciousness: Theory, Research, and Practice.* https://doi.org/10.1037/cns0000342

6 Arora, S., Schmidt, M., Boylan, J., & Pantazatos, S.P. (2022). Attempt to replicate Bem's precognitive avoidance task and detect relationships with trait anxiety. *Journal of Consciousness Studies, 29*, 8-20. https://doi.org/10.53765/20512201.29.5.008

7 Rabeyron, T. (2014). Retro-priming, priming, and double testing: psi and replication in a test–retest design. *Frontiers in Human Neuroscience, 8*, 154. https://doi.org/10.3389/fnhum.2014.00154

8 Wittmann, M., Scheck, F., Feldmann, J., Glaesmann, A., Mossbridge, J., & Bem, D. (2021). The German version of a retroactive priming task shows mixed effects. *Psychology of Consciousness: Theory, Research, and Practice.* https://doi.org/10.1037/cns0000296

9 Schlitz, M., Bem, D., Marcusson-Clavertz, D., & Cardeña, E. (2021). Two replication studies of a time-reversed (psi) priming task and the role of expectancy in reaction times. *Journal of Scientific Exploration, 35*, 65-90. https://www.scientificexploration.org/35/1

2 超心理現象はある?

1 Cardeña, E., Palmer, J., & Marcusson-Clavertz, D. (Eds.) (2015). *Parapsychology: A handbook for the 21st century.* Jefferson, NC: McFarland.

2 Reber, A.S., & Alcock, J.E. (2020). Searching for the impossible: Parapsychology's elusive quest. *American*

Psychologist, 75, 391-399. https://doi.org/10.1037/amp0000486
3 Williams, G. (2019). Should we accept arguments from skeptics to ignore the psi data? A comment on Reber and Alcock's Searching for the Impossible. *Journal of Scientific Exploration, 33*, 623-642. https://doi.org/10.31275/2019/1681
4 Wahbeh, H., Radin, D., Cannard, C., & Delorme, A. (2022). What if consciousness is not an emergent property of the brain? Observational and empirical challenges to materialistic models. *Frontiers in Psychology, 13*, 5596. https://doi.org/10.3389/fpsyg.2022.955594

3 ジョーズ・カフェの閉店

1 Kauffman, S.A., & Roli, A. (2023). What is consciousness? Artificial intelligence, real intelligence, quantum mind and qualia. *Biological Journal of the Linnean Society, 139*, 530-538. https://doi.org/10.1093/biolinnean/blac092
2 Kauffman, S. (2016). Cosmic mind? *Theology and Science, 14*, 36-47. https://doi.org/10.1080/14746700.2015.1122324
3 Kauffman, S.A., & Radin, D. (2023). Quantum aspects of the brain-mind relationship: A hypothesis with supporting evidence. *Biosystems, 223*, 104820. https://doi.org/10.1016/j.biosystems.2022.104820
4 Kauffman, S. (2020). Eros and logos. *Angelaki: Journal of the Theoretical Humanities, 25*, 9-23. https://doi.org/10.1080/0969725X.2020.1754011

4 唯物論を超えて

1 Mossbridge, J. (2023). Precognition at the boundaries: An empirical review and theoretical discussion. *Journal of Anomalous Experience and Cognition, 3*, 5-41. https://doi.org/10.31156/jaex.24216
2 Jung, C.G. (1931/1960). Analytical psychology and Weltanschauung. In *The Collected Works of C. G. Jung, Volume 8*,

Para. 739, Princeton, NJ: Princeton University Press.

5 高次元の空間とは

1 Carr, B. (2023). The many-faceted enigma of time: A physicist's perspective. In *The 13th Symposium of BIAL Foundation: Behind and Beyond the Brain* in Porto, Portugal, April 7th, 2022. https://philarchive.org/rec/CARTME-4 https://www.fundacaobial.com/com/symposia/13th-symposium/

2 Carr, B. (2019). Blind watchers of psi: A rebuttal of Reber and Alcock. *Journal of Scientific Exploration, 33*, 543-660. https://doi.org/10.31275/2019/1693

room8 ポジティブ・エネルギー

2 自然から気をもらう

1 Ryff, C.D. (2021). Spirituality and well-being: Theory, science, and the nature connection. *Religions, 12*, 914. https://doi.org/10.3390/rel12110914

2 Hakokongäs, E., & Puhakka, R. (2023). Happiness from nature? Adolescents' conceptions of the relation between happiness and nature in Finland. *Leisure Sciences, 45*, 665-683. https://doi.org/10.1080/01490400.2021.1877584

4 高い次元で生きる

1 Choquette, S. (2022). *Trust your vibes: Live an extraordinary life by using your intuitive intelligence, Revised edition.* Carlsbad, CA: Hay House. ／奥野節子訳 (2006)『第六感ひらめきと直感のチャンネルを開く方法』ダイヤモンド社

また会いましょう

いかがだったでしょうか。〝ポジティブ・エネルギー〟の謎をめぐって、エネルギー心理学、神秘体験、超常体験、意識、夢、サイ現象など、私の現在の関心事の小径を散歩してきました。こうした領域に慣れない読者の皆さんにとっては、ちょっと寄り道が過ぎたかもしれません。あるいは、まとまりがないように(私のなかでは一貫したテーマですが)見えたかもしれません。お付き合いいただいて、恐縮です。

本書の内容は、私が日曜作家・日曜カウンセラーとして、週末の時間を使って地道に思考し、勉強してきたノートをもとにしています。私の専門というより、趣味の領域といったほうがよいでしょう。心理学は丁寧できちんとした科学であり、平日はそれでいいのですが、週末は**もっと自由に**なりたいものですよね。本書の執筆は「唯物論」を超える試みであり、私の楽しみでした。

私の日曜カウンセリングも、最近はほとんどスピリチュアル・カウンセリングになってきました。感謝と、優しさと、祈りを大切にし、好感と合気をもって高い次元で生きるためのカウンセリングです。そのノウハウは本書で言及していないので、また別の機会に述べたいと思います。

そして《感じるココロの学校》シリーズは、皆様のおかげをもちまして、三巻を無事に完結できました。ほっとしています。読者の皆さんは、別巻の小説『繊細少女マイの日常』もどうぞお楽しみください。

最後になりますが、執筆の貴重な機会をいただいた、木立の文庫・津田敏之氏にココロからお礼を申し上げます。

二〇二三年一一月

串崎真志

《感じるココロの不思議》別巻

『敏感の学校』

――繊細少女マイの日常――

別巻では、繊細な人びとの豊かな世界を、小説（ライトノベル）でお楽しみください。次のURLリンク（QRコード）にアクセスすると、ログイン・会員登録など無しで、無料でお読みいただけます。

https://sites.google.com/view/sensitivegirl/

お手にとってくださった皆様へ

このたびは“三色”ブックレット《感じるココロの不思議》を手にとってくださり、ありがとうございます。

唐突ですが、私は動物が大好きで、いまは文鳥を二羽（ハナちゃん、モカちゃん）育てています。文鳥の寿命は７年ほどなので、人間の年齢でいうと一ヵ月に１歳ずつ大きくなります。一週間で３ヶ月も歳をとるわけですね。そんなことを想像しながら見ていると、不思議とココロがつながり、鳥と会話できるようになりました。「主観世界」（意味の世界）に入ることで、共感・直感・好感が研ぎ澄まされ、さまざまなことがつながり、広がっていくわけです。このような“感じるココロ”のワンダーランドを、できるだけ「客観世界」の言葉で語ってみたい。そういう動機で本書を執筆しました。このブックレットが、皆様の“意味の世界”の理解に少しでも役立つことができますなら、幸いです。

私と編集者の津田敏之さん〔木立の文庫〕は、銭湯を通じての同好の士です。今回の本づくりの始まりは、京都市内の銭湯に一緒に立ち寄った帰りに、一杯飲みながら『串崎さん、ユニークな企画を考えませんか？』と声をかけてもらったことでした。私はちょうど、大学院で〈共感〉に関する授業をしていたので、『じゃあ、その内容から編んでみましょう！』となりました。そこから思いがけずアイディアが広がり、上記のような趣旨に光をあてて、当ブックレットの三テーマを据えることになりました。

造本デザイナーの寺村隆史さん、イラストレーター坂本伊久子さんのお力尽くしで、こうした“飾っておしゃれ、読んでココロ休まる”すてきな本に仕上がりました。感謝を申し上げます。

著者紹介

串崎真志（くしざき・まさし）

1970年生まれ、大阪大学大学院人間科学研究科修了、博士（人間科学）。

同志社女子大学専任講師を経て、現在、関西大学文学部教授・心理学研究科長。訳書（監修）に『感じやすいあなたのためのスピリチュアル・セルフケア』〔金剛出版，2024年〕など。

感《かん》じるココロの不思議《ふしぎ》 好感《こうかん》の学校《がっこう》
気持《きもち》ちが合《あ》う人間関係《にんげんかんけい》

2024年 9 月30日　初版第 1 刷印刷
2024年10月10日　初版第 1 刷発行

著　者　串崎真志

発行者　津田敏之
発行所　株式会社 木立の文庫
京都市下京区
新町通松原下る富永町107-1
telephone 075-585-5277
faximile 075-320-3664
造本・組版　寺村隆史
イラスト　坂本伊久子
印刷製本　モリモト印刷株式会社
ISBN978-4-909862-40-2 C1011

「6つの直感」練習帖――
大切なのは“肯定”するココロ

room 1
直感をどう学ぶか
room 2
どこから？ どこへ？
room 3
冴えわたる判断力
room 4
ひらめき直感
room 5
からだの声を聴く
room 6
エンパス直感
room 7
導かれている感覚
room 8
生命のありかた

感じるココロの不思議 **黄の巻**

直感の学校

ひらめきを大切にする暮らし

串崎真志［著］

四六変形判／丸フランス装／128頁　◉**定価1,540円**（税込）

ISBN978-4-909862-39-6

kodachi no bunko

精神療法でわたしは変わった2

「よい子」の危うさ

増井武士:著／神田橋條治:解説
四六変型判並製144頁　定価1,760円
2024年7月刊　ISBN978-4-909862-36-5

マンガ ねこの言いぶん

もしもしカウンセラーが耳を傾けたら

菅 佐和子:作／おがわさとし:画／竹宮惠子:寄稿
A5判並製146頁　定価1,980円
2024年6月刊　ISBN978-4-909862-35-8

サブカルチャーのこころ

オタクなカウンセラーがまじめに語ってみた

笹倉尚子・荒井久美子:編著／坂本伊久子:挿画
四六変型判並製384頁　定価2,420円
2023年5月刊　ISBN978-4-909862-29-7

素顔のアスリート

生きづらさと共感　四つの物語

中島登子:編　四六変型判並製152頁　定価1,780円
2021年5月刊　ISBN978-4-909862-19-8

バンヤンの木の下で

不良外人と心理療法家のストーリー

池見 陽&エディ・ダスワニ:著
新書判並製400頁　定価1,980円
2020年10月刊　ISBN978-4-909862-15-0

（価格は税込）